essentials

essentials liefern aktuelles Wissen in konzentrierter Form. Die Essenz dessen, worauf es als „State-of-the-Art" in der gegenwärtigen Fachdiskussion oder in der Praxis ankommt. *essentials* informieren schnell, unkompliziert und verständlich

- als Einführung in ein aktuelles Thema aus Ihrem Fachgebiet
- als Einstieg in ein für Sie noch unbekanntes Themenfeld
- als Einblick, um zum Thema mitreden zu können

Die Bücher in elektronischer und gedruckter Form bringen das Fachwissen von Springerautor*innen kompakt zur Darstellung. Sie sind besonders für die Nutzung als eBook auf Tablet-PCs, eBook-Readern und Smartphones geeignet. *essentials* sind Wissensbausteine aus den Wirtschafts-, Sozial- und Geisteswissenschaften, aus Technik und Naturwissenschaften sowie aus Medizin, Psychologie und Gesundheitsberufen. Von renommierten Autor*innen aller Springer-Verlagsmarken.

Weitere Bände in der Reihe http://www.springer.com/series/13088

Natalie Rauber · Stefan Georg

Prozesskostenmanagement in der Industrie

Springer Gabler

Natalie Rauber
Tholey, Deutschland

Stefan Georg
Dienstleistungsmanagement, HTW des Saarlandes, Saarbrücken, Deutschland

ISSN 2197-6708   ISSN 2197-6716 (electronic)
essentials
ISBN 978-3-658-35297-4   ISBN 978-3-658-35298-1 (eBook)
https://doi.org/10.1007/978-3-658-35298-1

Die Deutsche Nationalbibliothek verzeichnet diese Publikation in der Deutschen Nationalbibliografie; detaillierte bibliografische Daten sind im Internet über http://dnb.d-nb.de abrufbar.

Planung/Lektorat: Guido Notthoff
Springer Gabler ist ein Imprint der eingetragenen Gesellschaft Springer Fachmedien Wiesbaden GmbH und ist ein Teil von Springer Nature.
Die Anschrift der Gesellschaft ist: Abraham-Lincoln-Str. 46, 65189 Wiesbaden, Germany

Was Sie in diesem *essential* finden können

Charakterisierung der Industrie als wichtigen Teil der Wirtschaft
Darstellung von Wettbewerb und Kostendruck in der Industrie
Diskussion des Prozesskostenmanagements im Überblick und im Detail
Anwendung des Prozesskostenmanagements auf industrielle Prozesse
Analyse des Einsatzes des Prozesskostenmanagement

Inhaltsverzeichnis

Abbildungsverzeichnis

Tabellenverzeichnis

Industrie

1

Im Zeitalter der Digitalisierung und Globalisierung scheint sich die Industrie ebenso wie viele andere Bereiche des Lebens stetig zu verändern. Der Begriff *Industrie 4.0* ist in aller Munde und wird in sämtlichen Fachzeitschriften thematisiert. Doch was bedeutet der Ausdruck überhaupt? Und welche Veränderungen gehen damit einher? Steht die Industrie gar vor einem disruptiven Durchbruch? Welche Anforderungen werden heutzutage an die Industrie gestellt?

Terminologie und historische Entwicklung
Als Industrie wird der Teil der Wirtschaft bezeichnet, der die Gesamtheit aller Produktionsbetriebe einer Branche einschließt, die Konsum- oder Produktionsgüter in Masse herstellen. Der Begriff lässt sich auf das lateinische Wort *industria* zurückführen, was übersetzt Fleiß oder Betriebsamkeit bedeutet und seit Mitte des 18. Jahrhunderts als Gewerbe bzw. Gewerbefleiß verstanden wird.[1]

Im Kontext der Volkswirtschaftslehre ist die Aufsplittung weltweiter, branchenspezifischer Unternehmen in drei wirtschaftliche Sektoren weit verbreitet. Infolgedessen repräsentieren die Land- und Forstwirtschaft den primären Sektor. Der Wirtschaftszweig Industrie versteht sich als sekundärer (produzierender) Sektor. Neben Dienstleistungsunternehmen und privaten Haushalten trägt der Staat zur Formung des tertiären Sektors bei.[2]

Die Bedeutung der Industrie für die deutsche Wirtschaft wird mit der Betrachtung der Bruttowertschöpfung deutlich, die in der nachstehenden Abbildung zusammengefasst ist (Abb. 1.1).

---

[1] Vgl. Bibliographisches Institut GmbH (2020), Onlinequelle.

[2] Vgl. Cezanne (2005), S. 268.

N. Rauber und S. Georg, *Prozesskostenmanagement in der Industrie*, essentials, https://doi.org/10.1007/978-3-658-35298-1_1

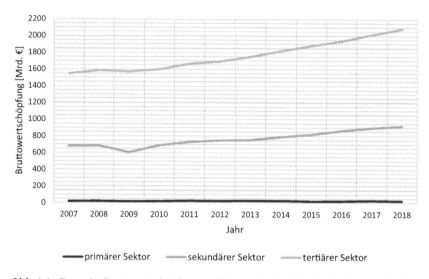

Deutsche Bruttowertschöpfung gegliedert nach den Wirtschaftssektoren. (Quelle: Eigene Darstellung in Anlehnung an Statista (o. J.), Onlinequelle)

Demnach erbringt die deutsche Forst- und Landwirtschaft seit Jahren eine nahezu konstante Bruttowertschöpfung in Höhe von rund 25 Mrd. Euro. Dagegen gewinnt der tertiäre Sektor immer weiter an Bedeutung. Trotz eines der Finanzmarktkrise geschuldeten Einbruchs im Jahr 2009 ist die Bruttowertschöpfung im Dienstleistungssektor in 12 Jahren um den Faktor 1,3 gestiegen.[3] Aber auch der Industriebereich verbucht einen steigenden finanziellen Mehrwert. So betrug die Bruttowertschöpfung des sekundären Sektors im Jahr 2018 fast eine Billion Euro.

Gliederung des Wirtschaftszweiges
Generell zählt die Industrie zum produzierenden Gewerbe.[4] Bei Betrachtung der Klassifikation der Wirtschaftszweige des statistischen Bundesamtes ist festzustellen, dass der Bereich des produzierenden Gewerbes mehrere Segmentierungen aufweist:

- der Bergbau und die Gewinnung von Steinen und Erden,

---

[3] Vgl. Bauernhansl/Hompel/Vogel-Heuser (Hrsg.) (2014), S. 7; Verband Deutscher Maschinen- und Anlagenbau (Hrsg.) (2012), S. 7.
[4] Vgl. Hansmann (2006), S. 3.

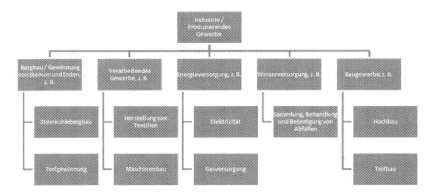

Abb. 1.2 Gliederung des Wirtschaftszweiges Industrie. (Quelle: Eigene Darstellung in Anlehnung an Statistisches Bundesamt (2014), S. 76ff

- das verarbeitende Gewerbe,
- die Energieversorgung,
- die Wasserversorgung inklusive der Abwasser- und Abfallentsorgung und der Beseitigung von Umweltverschmutzungen und zuletzt
- das Baugewerbe.

Zu ergänzen ist hierbei, dass jeder der genannten Bereiche wiederum untergliedert ist. Im Bereich des Bergbaus und der Gewinnung von Steinen und Erden sind beispielsweise der Steinkohlebergbau oder die Torfgewinnung zu vermerken. Die Herstellung von Textilien sowie der Maschinenbau stellen zwei der Teilbereiche des verarbeitenden Gewerbes dar. Die Elektrizitäts- und die Gasversorgung sind unter dem Punkt Energieversorgung zu finden. Bei der Wasserversorgung, Abwasser- und Abfallentsorgung und Beseitigung von Umweltverschmutzungen sind die Unterpunkte Sammlung, Behandlung und Beseitigung von Abfällen sowie die Rückgewinnung beispielhaft zu nennen. Der Hochbau und der Tiefbau bilden spezifische Untergliederungen des Baugewerbes.[5] Die hier genannten Untergliederungen dienen nur als Beispiele, vollständig können diese der Klassifikation der Wirtschaftszweige des statistischen Bundesamtes entnommen werden. Die folgende Abbildung veranschaulicht die zuvor beschriebene Gliederung des Wirtschaftszweiges Industrie (Abb. 1.2).

---

[5] Vgl. Statistisches Bundesamt (2014), S. 76 ff.

Industrielle Revolution

Die Entwicklung der Industrie erfolgte bisher in Schüben, den sogenannten industriellen Revolutionen, die sich bereits vor den tatsächlichen Erfindungen von
revolutionären Technologien anbahnten. Die Industrialisierung zeichnete sich ab
dem 18. Jahrhundert mit der ersten industriellen Revolution ab. Der Fokus lag auf
der Mechanisierung, bei der die menschliche und tierische Muskelkraft in Her-
stellungsprozessen von Arbeitsmaschinen abgelöst wurde. Mit der Dampfmaschine
und dem mechanischen Webstuhl kam der große Durchbruch. Die zweite industrielle Revolution, die Anfang des 20. Jahrhunderts begann, konzentrierte sich auf
die arbeitsteilige Massenproduktion durch die Verwendung von elektrischer Energie. Angewendet wurde das Prinzip des Taylorismus, bei dem eine Aufteilung von
Kopf- und Handarbeiten erfolgte und einzelne Arbeitsschritte vorab konzipiert wurden. In Cincinnati wurde erstmalig Gebrauch von Transportbändern im Bereich der
Schlachterei gemacht.[6] Durch den Einsatz von entsprechenden Fließbändern konnte
eine Massenproduktion erreicht werden, die beispielsweise auch Henry Ford in
einem seiner Automobilwerken zur Produktion des Modells T verwendete (Fordis-
mus). Mit der zunehmenden Automatisierung und Digitalisierung durch den Einsatz
von Elektronik und Informationstechnologien (IT) kam es zur dritten industriellen
Revolution in den 1970er Jahren. Die Mikroelektronik durchlief eine rasche Weiterentwicklung, und es kam zur Nutzung erster Computer und Mobiltelefone, womit
sich für die Industrie eine Vielzahl von Möglichkeiten eröffnete. Technologien wie
die Computerized Numerical Control (CNC) Maschinen oder die erste speicherpro-
grammierbare Steuerung (SPS) wurden erfunden und bescherten der Industrie eine
programmierbare Produktion.[7]

Aktuelle Situation

Die derzeit aktuelle industrielle Revolution wird mit *Industrie 4.0* betitelt. Kern
dieser vierten industriellen Revolution ist die umfassende Vernetzung des Produk-
tionsumfeldes durch das Internet der Dinge und Dienste. Es werden Cyber Physical
Systems (CPS) in der Industrie eingesetzt, bei denen intelligente Maschinen, Robo-
ter und Systeme über Informations- und Kommunikationstechnologien miteinander
verbunden sind, eigenständig miteinander kommunizieren und sich gegenseitig
steuern. Dabei entstehen sogenannte smarte Fabriken (Smart Factories), mit denen
sich intelligente Produkte entwickeln lassen, die „eindeutig identifizierbar, jederzeit
lokalisierbar und […] ihre Historie, ihren aktuellen Zustand sowie alternative Wege

---

[6] Vgl. Schäfer (2018), S. 4.

[7] Vgl. Lucks (2017), S. 5 ff., Reinhart (2017), S. XXXIf, Promotorengruppe Kommunikation
der Forschungsunion Wirtschaft – Wissenschaft (2013), S. 17 f.

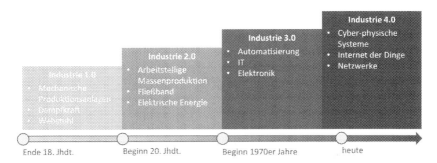

Abb. 1.3 Die vier Stufen der industriellen Revolutionen. (Quelle: Eigene Darstellung in Anlehnung an Promotorengruppe Kommunikation der Forschungsunion Wirtschaft – Wissenschaft (2012), S. 13)

zum Zielstand"[8] kennen. Dazu ist eine vollumfängliche Digitalisierung der Wertschöpfungskette erforderlich. Diese erhöht die Flexibilität, ermöglicht eine rentable Produktion individueller Kundenwünsche, lässt neue Geschäftsmodelle entstehen und trägt zur Bewältigung bereits bestehender Herausforderungen innerhalb der Wirtschaft bei.[9] Die Entwicklungsstufen zur Industrie 4.0 sind in Abb. 1.3 zusammengefasst. Als aktuelle Herausforderungen der Industrie 4.0 gelten beispielsweise die Effizienzsteigerung, die möglichst schnelle Produktentwicklung oder auch die Reduzierung der Ressourcen.[10] Auf diese Herausforderungen wird im folgendem Kapitel ausführlicher eingegangen, indem eine Analyse zur Wettbewerbssituation und des Kostendrucks innerhalb der Industrie durchgeführt wird.

Wirtschaftskrisen, Skandale wie zum Beispiel der Dieselabgasskandal oder auch die weltweite Corona-Pandemie im Jahr 2020 haben ebenfalls einen außerordentlichen Einfluss auf die Industrie und die gesamte Wirtschaft.

Auf die Automobilindustrie hatte vor allem der Dieselabgasskandal enorme Auswirkungen. Während die Glaubwürdigkeit in die deutschen Automobilhersteller sank und in einem Image- und Ansehensverlust der deutschen Automobilindustrie resultierte, wurde eine Diskussion von Fahrverboten für Dieselfahrzeuge

---

[8] Promotorengruppe Kommunikation der Forschungsunion Wirtschaft – Wissenschaft (2013), S. 5

[9] Vgl. Promotorengruppe Kommunikation der Forschungsunion Wirtschaft – Wissenschaft (2013), S. 18.

[10] Vgl. Manzei (2017), S. 11 f.

losgetreten, die zu einer Reduzierung der Nachfrage und Akzeptanz in die Diese-
lantriebstechnologie führten.[11] Ein derartiger Skandal in der Automobilindustrie
trifft vor allem Deutschland mit einem sehr ausgeprägten Automobilsektor äußerst
stark, denn er bildet den führenden Industriezweig des Landes. Als Top fünf der
umsatzstärksten Branchen im verarbeitenden Gewerbe gelten im Jahr 2017 gemäß
den Daten des Statistischen Bundesamtes:[12]

- Automobilindustrie (496 Mrd. Euro)
- Maschinenbaubranche (289 Mrd. Euro)
- Ernährungsindustrie (183 Mrd. Euro)
- Chemieindustrie (180 Mrd. Euro)
- Metallindustrie (139 Mrd. Euro)

Die Relevanz der Automobilindustrie in Deutschland spiegelt sich auch in den größ-
ten Industrieunternehmen gemessen nach dem Umsatz wider. Hier gehören zu den
Vorreitern die Volkswagen AG, Daimler AG und Bayerische Motoren Werke AG,
dicht gefolgt von Unternehmen wie der Robert Bosch GmbH, RWE AG, Siemens
AG oder Bayer AG.[13]
     Auch Ausnahmesituationen wie die derzeit aktuelle und weltweite Krisensitua-
tion durch das Corona-Virus wirken ebenfalls signifikant auf die Lage und Entwicklung der Industrie aus. So verzeichnen sowohl die Automobilindustrie als auch
der Maschinenbau Umsatzeinbußen, wodurch auch eine Vielzahl an Arbeitsplätzen
gefährdet ist. Derzeit ist die Rede von dementsprechenden Auswirkungen bis ins
Jahr 2022.[14]

Einstellung der Bevölkerung zur Industrie
Obwohl Experten Deutschland als eine führende Industrienation sehen, kristallisiert
sich innerhalb der Bevölkerung eine eher durchwachsene Einstellung zur Industrie heraus. Wie eine Umfrage aus dem Jahr 2015 demonstriert, assoziieren nur
15 % der Teilnehmenden etwas Positives mit dem Begriff der Industrie. Demge-
genüber stehen etwa zwei Drittel dem Thema aufgeschlossen (neutral) gegenüber.
Letztlich verbindet ein Fünftel etwas Negatives mit dem Ausdruck. Das Ergebnis der repräsentativen Studie könnte zumindest teilweise auf Begriffsunklarheiten
zurückzuführen sein. Beispielsweise denkt durchschnittlich eine von zehn Personen

---

[11] Vgl. Bratzel (2018), S. 34 f.

[12] Vgl. Statistisches Bundesamt (2019), Onlinequelle.

[13] Vgl. Monopolkommission (2018), S. 133.

[14] Vgl. Handelsblatt GmbH (2020), Onlinequelle.

bei dem Schlagwort Industrie unmittelbar an Arbeit. Weiter sieht im Mittel jeder hundertste Befragte eine schlechte Bezahlung dahinter.[15] Dabei ist die Industrie gerade für Deutschlands ländliche Regionen ausgesprochen wichtig. Hier profitiert jeder vierte Arbeitnehmer vom sekundären Sektor, während es in den städtischen Ballungszentren nur jeder Sechste ist.[16] Über Jahre hinweg achtete die deutsche Regierung darauf, die wirtschaftlichen Strukturen im Land gleich zu verteilen. Im Gegensatz zu Großbritannien vermied Deutschland jahrzehntelang den Fehler, die gesamte Wirtschaftskraft auf den Industriesektor zu setzen und profitiert folglich lange noch von einer (einigermaßen) stabilen Landwirtschaft. Schlussendlich ermöglichte diese Ausgeglichenheit, Arbeitsplätze in allen drei Sektoren zu sichern.[17]

---

[15] Vgl. Huber (2018), S. 3; Schönauer (2017), S. 159.
[16] Vgl. Bundesverband der Deutschen Industrie (2013), S. 15.
[17] Vgl. Hubert (1998), S. 149.

Wenn mindestens zwei Personen oder Organisationen die Absicht verfolgen, dasselbe Ziel zu erreichen, dann wird dies grundsätzlich als Wettbewerb bezeichnet. Ist eine stärkere Ausprägung einer Person oder Organisation hinsichtlich der Intensität der Zielerreichung festzustellen, welche eine Minderung der Ausprägung hinsichtlich der Intensität der Zielerreichung der restlichen Subjekte zur Folge hat, so gilt dies als charakteristisches Merkmal des Wettbewerbs. Im Rahmen des Wettbewerbs innerhalb der Wirtschaft gibt es einige spezifische Anhaltspunkte, welche diesen Wettbewerb kennzeichnen. Als Grundvoraussetzung von Wettbewerbsaktivitäten gilt die Existenz von Märkten, wobei auf diesen Märkten die Bedingung des Vorhandenseins von entweder zwei beziehungsweise mehreren Anbietern oder Nachfragern hinreichend erfüllt sein muss und darüber hinaus ein konträres Verhalten dieser vorliegen soll. Dies bedeutet, dass ein ausgeprägter Zielerreichungsgrad eines Subjektes sich zum Nachteil eines anderen Subjektes auswirkt.[1]

Aufgrund der erstrebenswerten Maximierung des Nutzens für den Nachfrager ist ein bestmögliches Preis-Leistungs-Verhältnis anzuvisieren. Bei der Betrachtung von zueinander im Wettbewerb stehender Anbieter ist zu berücksichtigen, welche Art von Gütern produziert werden sollen. Dabei ist zwischen homogenen und heterogenen Gütern zu differenzieren. Bei homogenen Gütern liegt ein einheitliches Leistungsangebot vor, und eine Leistungsdifferenzierung der verschiedenen Anbieter ist ausgeschlossen. Aus dieser Situation resultiert ein Preiswettbewerb auf dem Markt der homogenen Güter. Zement gilt als Beispiel für ein homogenes Gut. Im Gegensatz dazu existiert bei heterogenen

---

[1] Vgl. Suchanek, Lin-Hi, Mecke (o. J.), Onlinequelle.

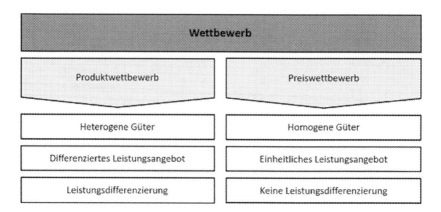

Abb. 2.1 Arten von Wettbewerb. (Quelle: Eigene Darstellung in Anlehnung an Wöhe/Döring (2013), S. 395)

Gütern ein differenziertes Leistungsangebot. Letztlich geht der Produktwettbewerb hieraus hervor.[2] Nachstehende Abbildung zeigt die unterschiedlichen Arten von Wettbewerb (Abb. 2.1):

Herausforderungen für Industrieunternehmen
Die Industrie unterliegt vielen äußeren Einflüssen und einer Vielzahl an Herausforderungen, die es zu bewältigen gilt. Der Markteintritt neuer Unternehmen, die Etablierung neuer Märkte, die rasante Veränderung von Geschäftsmodellen und Technologien sowie der Einzug von Informations- und Kommunikationstechnologien führen dazu, dass der Erfolg eines Unternehmens von der Erbringung der besten Leistung zu kosteneffizienten Konditionen abhängt.[3]

Die Einflüsse, die sich auf die erwartete „Leistungsfähigkeit und Leistungsflexibilisierung"[4] der Industrie bzw. der Unternehmen auswirken, sind in der nachstehenden Abbildung zusammengefasst (Abb. 2.2).

Während die **Globalisierung** dem Endkunden in vielen Bereichen etliche Vorteile bietet, bedeutet sie für die Industrieunternehmen einen erhöhten Wettbewerbsdruck, da sich die Märkte auf ein internationales Niveau ausdehnen. Als Exportland kann Deutschland derzeit noch einen Nutzen daraus ziehen, da fast die

---

[2] Vgl. Wöhe/Döring (2013), S. 395.
[3] Vgl. Hofmann (2014), S. 2.
[4] Hofmann (2014), S. 2.

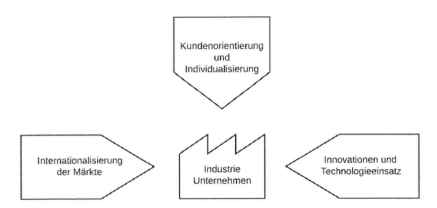

Abb. 2.2 Einflüsse auf Industrieunternehmen. (Quelle: Eigene Darstellung in Anlehnung an Spath (2017), S. 12–15)

Hälfte des Bruttoinlandsproduktes aus diesem Exportgeschäft resultiert. Dennoch ist es eine große Aufgabe, auch in Zukunft ohne Verlust der Produktqualität davon zu profitieren, da der globale Wettbewerb durch die fortlaufende Verbesserung der ausländischen Produkte und durch deren Kostenvorteile erhöht wird.[5] Trotz der deutlich geringeren Lohn- und Fertigungskosten in Schwellenländern gelten die innovativen Technologien und die Qualität noch als Vorsprung für die deutsche Industrie. Doch auch dieser Vorteil flacht zunehmend ab, da sich die Industrieunternehmen in eben diesen Ländern nach und nach das technologische Know-how eigenständig oder durch Unternehmenszusammenschlüsse aneignen. Somit werden diese mehr und mehr konkurrenzfähig, weil die Lohnkosten nur unterproportional dazu steigen. In der Folge nehmen sie den deutschen Unternehmen ihren großen Wettbewerbsvorteil. Vor allem in der Automobilindustrie, die einen Großteil der deutschen Industrie ausmacht und eine weltweite Spitzenposition errungen hat, entsteht enormer Handlungsbedarf, zumal sich diese gerade im Umbruch befindet und sich der Fokus hin zu neuen Technologien wie alternativen Antrieben, Elektromobilität und autonomen Fahren verschiebt, womit sich die deutschen Automobilhersteller nicht auf ihrem bisherigen Fortschritt ausruhen können.[6]

Einen weiteren großer Faktor für den Wettbewerbs- und Kostendruck stellen die überproportionalen Lohnkosten im Vergleich zur Produktivitätsentwicklung in einigen Bereichen der deutschen Industrie dar. In den vergangenen Jahren sind die

---

[5] Vgl. VIK Verband der Industriellen Energie- und Kraftwirtschaft e. V. (o. J.), Onlinequelle.
[6] Vgl. Bundesministerium für Wirtschaft und Energie (BMWi) (2019), S. 5–7.

Arbeitskosten in Deutschland im Gegensatz zu anderen Ländern beträchtlich stärker angestiegen, was dazu führt, dass die Kosten der ohnehin eher teuren deutschen Produkte noch zunehmen und die Wettbewerbsfähigkeit somit deutlich beeinträchtigt wird. Eine entsprechende Erhöhung der Kosten lässt sich lediglich mit einer Steigerung der Produktivität ausgleichen. Doch ganz im Gegenteil dazu klafft die Schere zwischen Lohnstückkosten und Produktivität beispielsweise in der Metall- und Elektroindustrie eher auseinander. Damit erhöht sich der Wettbewerbsdruck trotz des international anerkannten Gütesiegels *Made in Germany* immer weiter.[7]

„Das Lohnstückkostenniveau zeigt somit, ob beispielsweise hohe Arbeitskosten durch eine entsprechend hohe Produktivität unterfüttert sind oder ob die Unternehmen für ein vergleichbares Produkt mehr an Löhnen und Sozialleistungen aufwenden müssen und damit einen Wettbewerbsnachteil gegenüber anderen Standorten haben."[8] Im Jahr 2018 belegte Deutschland den sechsten Platz im Lohnstückkosten-Ranking von 28 Industrieländern. Dies bedeutet, dass sowohl die inner- als auch außereuropäische Konkurrenz bei ähnlicher Produktqualität günstiger produzieren kann. Im Durchschnitt liegt das Lohnstückkostenniveau 13 % unter dem von Deutschland. Auch wichtige Wettbewerber aus den USA und Japan können deutlich preiswerter produzieren. Das Lohnstückkostenniveau in den USA liegt um 20 % und das in Japan sogar um beachtliche 25 % unter dem von Deutschland.[9]

Auch nach Manzei nehmen die Anforderungen an die Produktion enorm zu. Um dem hohen Preisdruck durch Überangebotssituationen bzw. hohen Wettbewerbsdruck Stand zu halten, sind Unternehmen gezwungen, die Effizienzsteigerung in ihrer Wertschöpfungskette zu priorisieren. Mit einer Steigerung der Effizienz gehen Fragen zur Kostensenkung, zur Reduzierung der Durchlaufzeiten, zur Optimierung der Kapazitätsauslastung und zu vor- oder nachgelagerten Prozessen einher. Die Produkteinführungszeit (Time to Market) soll minimiert werden, um einen Wettbewerbsvorteil in Bezug auf den zeitlichen Aspekt zu generieren. Dies stellt Unternehmen vor die Herausforderung, ihre Prozesse optimal zu beherrschen und vor allem informationstechnisch auszurichten, um neue Produkte mit erhöhter Komplexität möglichst schnell in bestehende oder neue Produktionen zu implementieren. Außerdem rückt die Ressourcenschonung immer mehr in den Fokus. Hierzu gehören sowohl eine Verringerung des Energie- und Wasserverbrauchs als auch des Materialeinsatzes, um so die Verschwendung aus ökonomischen Zwecken möglichst gering zu halten. Manzei spricht außerdem die Flexibilität an, die Unternehmen an den Tag legen müssen. Während komplexe Produkte wie Automobile

---

[7] Vgl. Institut der deutschen Wirtschaft Köln e. V. (2019), Onlinequelle.
[8] Vgl. Schröder (2020), S. 44 ff.
[9] Vgl. Schröder (2020), S. 44 ff.

bereits nach individuellen Kundenwünschen in Masse gefertigt werden können, wird eine derartige Individualisierung und Personalisierung auch zunehmend in anderen Industriebereichen erwünscht. Dies erfordert eine hohe Anpassungsfähigkeit der Produktionsanlagen, die eine Vielzahl an differenten Produkten ohne Weiteres herstellen können sollen. Als zusätzliche Hürde wird in verschiedenen Branchen wie der Pharma- und Lebensmittelindustrie eine lückenlose Dokumentation der Produkte vorausgesetzt.[10] So wird aus regulatorischer Sicht durch den Staat und durch die Wünsche des Kunden ein Konstrukt aus Anforderungen formuliert, die Unternehmen mit möglichst gleich oder sogar geringer werdenden Kosten bewältigen müssen, um sich im Markt behaupten zu können.

Chancen durch Industrie 4.0
Die Industrie 4.0 scheint ein Garant zur Lösung vieler dieser Problematiken zu sein. Nach einer Studie von PwC Management Consulting & Strategy wird mit der **Digitalisierung** und **Automatisierung** der Wertschöpfungsketten im Sinne der Industrie 4.0 eine Effizienzsteigerung von 18 % in fünf Jahren erwartet, indem höhere Produktionsmengen mit einem niedrigeren Input an Energie und Material erzielt werden. Damit soll nachhaltig eine Erhöhung der Ressourceneffizienz erreicht werden. Außerdem erhoffen sich die Unternehmen dieser Studie dadurch sogar eine jährliche Kostenreduktion von über zwei Prozent.[11] Durch diese Entwicklung kann die gegebenenfalls zuvor notwendige Auslagerung von Produktionsstätten in Niedriglohnländern wie beispielsweise China verhindert werden, da viele Prozessschritte automatisiert und ohne zusätzliche Mitarbeiter ausgeführt werden können.[12]

Als Kostensenkungspotenziale durch Industrie 4.0 gelten nach Bauernhansl/ten Hompel/Vogel-Heuser beispielsweise:[13]

- Senkung der Bestandskosten durch die Minimierung der Sicherheitsbestände mithilfe von Echtzeitsystemen bzw. -informationen (30 bis 40 %)
- niedrigere Fertigungskosten aufgrund einer verbesserten Fertigungseffizienz und der Flexibilität, das Personal effektiv einzusetzen (zehn bis 20 %)
- Reduzierung der Logistikkosten bei Unternehmen mit hohem logistischen Automatisierungsgrad wie zum Beispiel autonomen Transportsystemen und den damit einhergehenden geringeren Lagerhaltungskosten (zehn bis 20 %)

---

[10] Vgl. Manzei (2017), S. 11 f.
[11] Vgl. PwC Management Consulting & Strategy (2014), S. 7 f.
[12] Vgl. Heinemann (2019), Onlinequelle.
[13] Vgl. Bauernhansl/ten Hompel/Vogel-Heuser (Hrsg.) (2014), S. 31 f.

- Optimierung der Instandhaltungskosten aufgrund der Reduzierung der Bestände im Ersatzteillager und zustandsorientierter Wartung (20 bis 30 %)

Doch auch wenn sich durch diese neuen Technologieansätze viele Möglichkeiten auftun, so heißt dies auch, zunächst in Technologie und Innovation zu investieren. Dazu zählen sowohl Investitionen in Hard- und Software als auch Investitionen in die Implementierung und in Personalschulungen, was wiederum zu erhöhten Produktkosten führt. Ein weiteres Risiko stellt der Umgang mit der Datenflut (Big Data) dar, die durch die Digitalisierung entsteht.[14] Das Unternehmen hat die Verantwortung, geeignete Maßnahmen zu finden, um den Datenschutz zu gewährleisten.[15]

Unternehmen stehen somit vor der Aufgabe, einen Weg zu finden, um innovativ und wettbewerbsfähig zu bleiben, ohne dabei ihre Kosten in die Höhe schnellen zu lassen und den Fokus auf Kostensenkung und damit Gewinnsteigerung zu verlieren.

---

[14] Vgl. Georg (2021), S. 31 f.
[15] Vgl. Heinemann (2019), Onlinequelle.

Überblick über das Prozesskostenmanagement

Das Streben nach Rentabilität und zunehmender Wettbewerbsdruck bilden die Hauptfaktoren für das Management von Kosten in Unternehmen. Doch wie ist das Kostenmanagement überhaupt definiert? Nach *Franz* wird eine Unterscheidung zwischen Kostenrechnung und Kostenmanagement insofern getroffen, dass die Kostenrechnung für die „Ermittlung der Kosten und ihrer Zurechnung auf Bezugsobjekte" verantwortlich ist und nachgelagert das Kostenmanagement definiert als die „Maßnahmen zur Beeinflussung der Kosten".[1]

Das Hauptziel des Kostenmanagements stellt eine positive Beeinflussung des Kosten-Nutzenverhältnisses dar. Dies schließt nicht grundsätzlich aus, dass sich Kosten auch erhöhen können, sofern sich durch die Erhöhung der Kosten eine überproportionale Leistungssteigerung ergibt. Somit hängt das Kostenmanagement auch immer unmittelbar mit einem Leistungsmanagement zusammen.[2] Dennoch ist der Begriff des Kostenmanagements keine Weltneuheit und wird seit Beginn der 1990er Jahre intensiv diskutiert. Mittlerweile ist in diesem Bereich ein breites Spektrum an Arbeiten vorzufinden, die sich von der generellen Definition und Kennzeichnung der Ziele und Aufgaben des Kostenmanagements bis hin zur Beschreibung einzelner Kostenmanagement-Instrumente erstrecken. Abb. 3.1 verschafft einen Überblick über die vielfältige Gestaltungsfelder des Kostenmanagements. Dazu zählen

- die Zielrichtungen des Kostenmanagements,
- dessen Objekte,
- die Aufgaben des Kostenmanagements,

---

[1] Vgl. Franz (1992), S. 1492.

[2] Vgl. Stibbe (2014), S. 7.

N. Rauber und S. Georg, *Prozesskostenmanagement in der Industrie*, essentials, https://doi.org/10.1007/978-3-658-35298-1_3

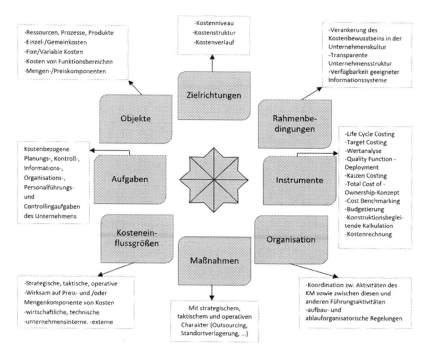

Abb. 3.1 Oktogon des Kostenmanagements. (Quelle: Eigene Darstellung in Anlehnung an Götze (2004), S. 274)

- Kosteneinflussgrößen bzw. Kostentreiber,
- die Maßnahmen des Kostenmanagements,
- die Organisation,
- die Instrumente sowie
- die allgemeinen Rahmenbedingungen.

Ohne auf jedes Gestaltungsfeld des Kostenmanagements im Detail einzugehen, lässt sich erkennen, dass dem Kostenmanagement die Aufgabe der Gestaltung der Kosten obliegt und ihm kostenbezogene Führungsaufgaben des Unternehmens und damit entsprechende Planungs-, Kontroll-, Informations-, Organisations-, Personalführungs- und Controlling-Aufgaben zugeordnet werden können.

Somit geht das Kostenmanagement hinsichtlich der einbezogenen Führungsaufgaben über die Kostenrechnung hinaus.[3] Diese Weiterentwicklung lässt sich als Reaktion auf die oben angesprochenen permanenten Veränderungen in der Unternehmenswelt und einer steigenden Komplexität der Unternehmensorganisation, die letztlich in einer geänderten Kostenstruktur resultiert, erklären.

Der Fokus auf das Kostenmanagement steigt in sämtlichen Branchen aufgrund des zuvor erläuterten Wettbewerbs und Kostendrucks. Längst kann man eine kontinuierliche Veränderung des Verhältnisses von Einzel- zu Gemeinkosten beobachten. Dabei wächst der Gemeinkostenblock stetig an. In diesem Buch steht deshalb das Instrument des Prozesskostenmanagements im Blickpunkt, welches sich auf die Steuerung der Gemeinkosten im Unternehmen konzentriert.[4] Hierbei werden vor allem die indirekten Bereiche des Unternehmens, die nicht im unmittelbaren Zusammenhang mit der Erstellung der eigentlichen marktfähigen Leistungen stehen, sondern im Allgemeinen lediglich Gemeinkosten erzeugen, betrachtet. Dazu gehören Abteilungen wie zum Beispiel der Einkauf, die Logistik, der Vertrieb, die Verwaltung oder die Qualitätssicherung und -kontrolle.[5]

Im Prozesskostenmanagement werden die Ergebnisse der Prozesskostenrechnung, also den tatsächlich errechneten Prozesskostensätzen, analysiert, um Prozesse im Unternehmen und die dadurch entstehenden Kosten zu lenken.[6]

Die Prozesskostenrechnung entstand aus der Überlegung heraus, dass die traditionellen Kostenrechnungsmethoden Lücken hinsichtlich der Gemeinkostenverrechnung aufweisen und somit oft als nicht gerecht gelten. Denn in der herkömmlichen Kostenverrechnung sind die Komplexität, die Besonderheiten von Produktvarianten und auch die Auflagengröße eines Produktes oftmals nicht angemessen berücksichtigt, zumal keine geeigneten Bezugsgrößen verwendet werden. Dies führt dazu, dass komplexe Produkte mit niedriger Auflagengröße nicht den damit erhöhten Gemeinkostenanteil tragen. Vielmehr sind die Kalkulationen der Produktkosten verzerrt, indem die Gemeinkosten nicht verursachungsgerecht auf die Produkte verrechnet werden. So werden beispielsweise die Fertigungsgemeinkosten in der Arbeitsvorbereitung in der Regel über Maschinenstunden oder Fertigungslöhne auf die Produkte verteilt, wobei diese Kosten doch eher von der Komplexität der Produkte durch den erhöhten Planungs- und Koordinationsaufwand abhängen und damit nicht pauschal über die traditionellen Kostensätze auf die Produkte verteilt werden sollten.

---

[3] Vgl. Götze (2004), S. 272.

[4] Vgl. Georg (o. J.a), Onlinequelle.

[5] Vgl. Georg (2014), S. 87.

[6] Vgl. Georg (o. J.b), Onlinequelle.

Aufgrund der generell steigenden Tendenz des Gemeinkostenanteils kann dies zu einer zunehmend stärkeren Verfälschung der Ergebnisse auf Produktebene führen, da zum Beispiel die Gewinnmarge bei weniger komplexen Produkten mit hohen Produktionsmengen pro Variante aufgrund der Kalkulationsmethodik fälschlicherweise sinken kann. Dadurch wird eine Ungenauigkeit und eine beschränktere Grundlage zur Entscheidungsfindung im Bereich des Kostenmanagements generiert. Ziele der Prozesskostenrechnung sind somit

- die verursachungsgerechtere Verrechnung der Gemeinkosten auf die Kostenträger und
- die Optimierung des Gemeinkostencontrollings hinsichtlich der
- Kostentransparenz und
- Leistungstransparenz

in den indirekten Bereichen. Damit wird letztlich eine Basis für Rationalisierungen und Gemeinkostensenkungen im Unternehmen geschaffen.[7]

Zur Erreichung dieser Ziele grenzt sich die Prozesskostenrechnung von der traditionellen Vollkostenrechnung wie folgt ab. Die Gemeinkosten der indirekten Bereiche werden nicht grundsätzlich als fixe Kosten betrachtet; stattdessen werden Prozesse determiniert, bei denen durchaus eine proportionale Abhängigkeit zu den Kosten und dem Kostenträger besteht. Somit werden diese Gemeinkosten über eine spezifische Bezugsgröße auf die Kostenträger verteilt und lediglich der Teil der Gemeinkosten, für den kein Zusammenhang zu einem Kostentreiber im betrachteten indirekten Bereich gefunden wird (wie zum Beispiel die Kosten für die Betriebsabrechnung oder die Kosten für bestimmte Leitungsfunktionen), über übliche Schlüssel verrechnet. Insofern lässt sich auch die Prozesskostenrechnung in eine Kostenarten-, Kostenstellen- und Kostenträgerrechnung untergliedern. Doch auch dieser Ansatz ist nicht gänzlich neu, sondern lässt sich auf die in den USA entwickelte Methode des Activity Based Costing (ABC) aus den 1980er Jahren zurückführen, bei der damals schon sogenannte Cost Driver spezifiziert wurden und zur Verrechnung der Gemeinkosten dienten. Doch im Unterschied zur Prozesskostenrechnung wurden im Activity Based Costing nicht nur die indirekten Bereiche fokussiert.[8]

Zum besseren Verständnis der Bedeutung der Prozesskostenrechnung ist in Abb. 3.2 deren Einbindung in den Ablauf der Kostenrechnung visualisiert.

---

[7] Vgl. Kremin-Buch (2007), S. 34 f.

[8] Vgl. Kremin-Buch (2007), S. 34–38.

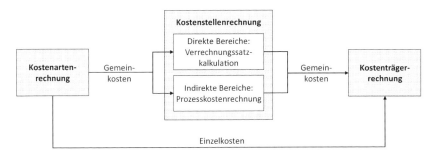

Abb. 3.2 Aufbau der Prozesskostenrechnung. (Quelle: Eigene Darstellung in Anlehnung an Kremin-Buch (2007), S. 40)

Der Unterschied zur klassischen Vollkostenrechnung wird hier deutlich und liegt lediglich in der Verrechnung der Gemeinkosten in den indirekten Bereichen. Da als Resultat der Kalkulationen alle Kosten auf die Kostenträger verrechnet werden, gilt die Prozesskostenrechnung ebenfalls als Vollkostenrechnung.

Zur Erläuterung der Funktionsweise der Prozesskostenrechnung ist das folgende Beispiel zu betrachten. So werden Vertriebsgemeinkosten nach der traditionellen Kostenrechnung in der Praxis häufig mittels Zuschläge in Prozent auf die Herstellkosten verrechnet. Weist ein Produkt Herstellkosten in Höhe von 100 € pro Stück aus, so wird ein Prozentsatz von möglicherweise 20 % auf die Herstellkosten (also 20 €) als Zuschlag für die Vertriebskosten addiert. Wird jedoch die Produktionsmenge von einem Stück auf 100 Stück erhöht, werden sich die Vertriebskosten in der klassischen Kalkulation auch dementsprechend um das Hundertfache steigern. Dies scheint bei genauer Betrachtung nicht gerechtfertigt zu sein, da sich kaum erklären lässt, warum mit der Steigerung der Produktionsmenge um den Faktor 100 auch die kostenverursachenden Vertriebtätigkeiten um den Faktor 100 steigen. In der Prozesskostenrechnung könnte eine alternative Verrechnungsgröße zur Berücksichtigung der Vertriebsgemeinkosten die Anzahl der Vertragsabschlüsse sein. Dafür ist die (erwartete) Menge der Vertragsabschlüsse pro Periode zu ermitteln, durch welche die Vertriebskosten in dieser Periode dividiert werden, sodass ein von der Vertriebsmenge unabhängiger Prozesskostensatz mit der Einheit Euro pro Abschluss innerhalb der Vertriebsabteilung festgelegt wird. Dieser kommt der Verursachungsgerechtigkeit der Kostenentstehung näher als ein pauschaler prozentualer Zuschlagsatz auf die Herstellkosten.[9]

---

[9] Vgl. Georg (2014), S. 89 f., Langenbeck (2017), S. 193 f.

Abb. 3.3 Vorgehensweise des Prozesskostenmanagements. (Quelle: Eigene Darstellung in Anlehnung an Georg (2014), S. 86)

Kritiker dieser Vorgehensweise werden zurecht bemerken, dass eine Kostenverrechnung immer nur verursachungsgerecht oder nicht-verursachungsgerecht sein kann, niemals aber ein-bisschen-verursachungsgerechter. Dies ist zweifellos richtig, allerdings sind die Ergebnisse der (unbekannten) Verursachungsgerechtigkeit näher als die typische Gemeinkostenverrechnung der Zuschlagskalkulation.

Aufbau des Prozesskostenmanagements
Das Prozesskostenmanagement lässt sich in vier hintereinander ablaufende Schritte unterteilen, wie die nachfolgende Abbildung zeigt (Abb. 3.3):

Diese Schritte werden im folgenden Kapitel ausführlicher anhand von Beispielen diskutiert.

Das Prozesskostenmanagement im Detail

4

4.1 Tätigkeitsanalyse

Zum Einstieg in die Prozesskostenrechnung wird als erstes eine Tätigkeitsanalyse durchgeführt. Als Tätigkeit gilt ein Vorgang innerhalb einer Kostenstelle, aus dem ein Verbrauch von Ressourcen resultiert. In der Prozesskostenrechnung werden die Tätigkeiten der indirekten Bereiche festgestellt und ihr jeweiliger Zeitaufwand quantifiziert. Aus Gründen der realitätsnahen Weiterverrechnung sollten diese Tätigkeiten homogen sein, da im Schritt der Kostenverrechnung ein Prozesskostensatz pro Tätigkeit bzw. pro Prozess errechnet wird, weswegen eine Homogenität der Aktivitäten von Vorteil ist. Außerdem sollte eine Tätigkeit aufgrund des hohen Aufwands zur Identifizierung der Kostensätze pro Tätigkeit auch repetitiv sein.

Zur Ermittlung der Tätigkeiten und deren Zeitbedarf können unterschiedliche Methoden zur Erhebung der Daten verwendet werden. Hierzu zählen die Nutzung vorhandener Informationsquellen wie Organigramme, Aufbau- und Ablaufdiagramme oder Stellenbeschreibungen und auch spezifischere Untersuchungen, wozu Interviews, Selbstaufschreibung durch die betroffenen Mitarbeiter, Dauerbeobachtung oder ein Stichprobenverfahren (Multimomentverfahren) zählen. Der Detaillierungsgrad sollte hierbei so gewählt werden, dass die Zweckmäßigkeit noch im Fokus steht. Anschließend werden die Tätigkeiten inklusive ihres Zeitaufwandes in einer Tätigkeitsliste je Bereich gebündelt, wie in der folgenden Tabelle beispielhaft für den Unternehmensbereich Einkauf dargestellt.[1] (Tab. 4.1).

Bei der Tätigkeitsanalyse kann es jedoch auch zu Problemen kommen:[2]

---

[1] Vgl. Kremin-Buch (2007), S. 40–43.

[2] Vgl. Kremin-Buch (2007), S. 44.

N. Rauber und S. Georg, *Prozesskostenmanagement in der Industrie*, essentials, https://doi.org/10.1007/978-3-658-35298-1_4

Tab. 4.1 Tätigkeitstabelle im Einkauf. (Quelle: Eigene Darstellung in Anlehnung an Kremin-Buch (2007), S. 42)

Tätigkeiten im Einkauf	Zeitaufwand
Angebote einholen	15 min
Angebote bearbeiten	30 min
Rechnungen prüfen	10 min

- Die Tätigkeiten sind in den indirekten Bereichen nicht zwingend homogen oder repetitiv.
- Aus Sicht der Arbeitnehmervertreter könnte eine solche Analyse als aktive Mitarbeiterkontrolle verstanden werden, weswegen eine frühzeitige Einbeziehung dieser empfohlen ist.[3]
- Auch die Akzeptanz der betroffenen Belegschaft kann Grenzen aufweisen und sich in einer Manipulation der Daten widerspiegeln.
- Sind die Ausgangsdaten in der Tätigkeitsanalyse nicht lückenlos oder sogar fehlerbehaftet, so zieht sich dies durch die ganze Prozesskostenrechnung und beeinflusst deren Qualität.

4.2   Prozessdefinition und Prozesshierarchie

Im nächsten Schritt erfolgt eine Verdichtung der Tätigkeiten zu Teilprozessen und anschließend zu Hauptprozessen, wobei ein Teilprozess eine Kette von Tätigkeiten darstellt, bei der eine Leistung in einer Kostenstelle erbracht wird. Dagegen stellt ein Hauptprozess eine Kette von Teilprozessen dar, die kostenstellenübergreifende Leistungen erbringt. Zur Veranschaulichung der beschriebenen Verdichtung von Teilprozessen sei nachstehend ein Beispiel mithilfe einer Abbildung visualisiert. In diesem Beispiel werden die Tätigkeiten „Material suchen" und „Material auslagern" in der Kostenstelle „Lager" zu dem Teilprozess „Fertigungsauftragskommissionierung" zusammengefasst. Als Hauptprozess „Fertigungsauftragsabwicklung" werden im nächsten Schritt die Prozesse „Fertigungsauftragskommissionierung" der Kostenstelle „Lager" und „Fertigungsauftragssteuerung" der Kostenstelle „Fertigungssteuerung" verdichtet. Damit lässt sich eine Prozesshierarchie wie in Abb. 4.1 erkennen.[4]

---

[3] Vgl. Fröhling (1994), S. 151 f.

[4] Vgl. Kremin-Buch (2007), S. 45 f.

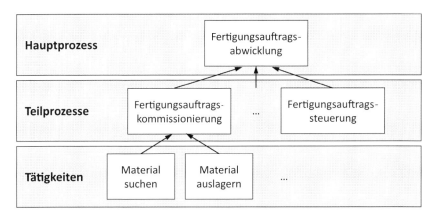

Abb. 4.1 Verdichtung zu Hauptprozessen (Prozesshierarchie). (Quelle: Eigene Darstellung in Anlehnung an Kremin-Buch (2007), S. 45 f.)

Im indirekten Bereich eines Unternehmens lassen sich generell zwei Arten von Teilprozessen differenzieren.

- **Leistungsmengeninduzierte Prozesse** (lmi-Prozesse): Ihr Arbeitsvolumen hängt von der Leistungsmenge des indirekten Bereichs ab.
- **Leistungsmengenneutrale Prozesse** (lmn-Prozesse): Das Arbeitsvolumen steht hier in keiner Abhängigkeit zur Leistungsmenge des indirekten Bereichs.

Bei Betrachtung des Bereichs Qualität würde dies bedeuten, dass beispielsweise der Prozess „Qualitätssicherung" von der Anzahl der Stichproben und somit von einer Leistungsmenge dieser Kostenstelle abhängt, womit ein lmi-Prozess vorliegt. Der Prozess „Qualitätssicherung leiten" in der Abteilungsleitung lässt sich dagegen nicht auf dieselbe oder eine andere Leistungsmenge zurückführen, weswegen es sich hier um ein lmn-Prozess handelt. Diese Differenzierung erfolgt aus dem Grund, dass in der nächsten Phase lediglich Kostentreiber für die lmi-Prozesse zu ermitteln sind.[5]

---

[5] Vgl. Georg (2014), S. 91.

4.3   Festlegen der Kostentreiber und Bezugsgrößen

Für jegliche lmi-Tätigkeiten und -Prozesse, sowohl in Teil- als auch in Hauptprozessen, sind die Kostentreiber (oder auch cost driver) zu identifizieren, welche das quantitative Merkmal zur Beeinflussung der Kosten der Tätigkeit oder des Prozesses darstellen. Beispiele für Kostentreiber sind in Abhängigkeit der jeweiligen Tätigkeiten:

- Tätigkeit „Angebote einholen": Zahl der Angebote
- Teilprozess „Qualitätssicherungsprüfung Rohstoffe": Zahl der Proben
- Teilprozess „Serienmaterial lagern": Lagerraum in Kubikmeter
- Hauptprozess „Serienmaterial beschaffen": Zahl der Beschaffungsvorgänge

An die Wahl der Kostentreiber sind bestimmte Anforderungen geknüpft. Die wichtigsten Voraussetzungen lauten, dass eine nach Möglichkeit proportionale Korrelation zwischen Kostenstellenkosten und Kostentreibern und eine Beziehung zwischen Kostentreibern und Kostenträgern bzw. Endprodukten gegeben ist.[6]

Den Kostentreibern wird eine doppelte Funktion zugeordnet. Zum einen sind sie der Maßstab für die Verursachung und Kontrolle der Kosten, und zum anderen ermöglichen sie die Kostenverrechnung auf die Kostenträger. Damit geben sie eine Auskunft darüber, wie hoch die Prozesskosten einer bestimmten Prozessmenge sind und werden in der Kalkulation zur Kostenverrechnung hinzugezogen. In der Regel sind Kostentreiber mengen- oder zeitbezogen.[7] Für die Planung der Kostentreibermengen ist nach Kremin-Buch ein Zeitraum von mindestens einem Jahr anzunehmen, damit mögliche Verzerrungen aufgrund kurzfristiger Ereignisse ausgeglichen werden.[8]

---

[6] Vgl. Kremin-Buch (2007), S. 48–50.
[7] Vgl. Joos (2014), S. 355 f.
[8] Vgl. Kremin-Buch (2007), S. 56.

4.4   Prozesskostenplanung

Nachdem die Prozessmengen bzw. Kostentreiber ermittelt wurden, kann die Planung der Kosten der Tätigkeiten und Teilprozesse in den entsprechenden Kostenstellen beginnen. Dabei werden überwiegend Personalkosten, aber auch Raum-, Strom- und Büromaterialkosten betrachtet. Es können zwei unterschiedliche Kostenplanungsmethoden angewandt werden:[9]

1. Analytische Planung
   In der Methode der analytischen Planung bilden Planprozessmengen die Grundlage für die Planung der Kosten unter Zuhilfenahme kostenwirtschaftlicher Analysen; auf Ist-Daten der Vergangenheit wird dagegen nicht zurückzugriffen. Diese Art der Planung stellt sich als aufwendig dar, weswegen in der Praxis die zweite Methode oftmals bevorzugt wird.
2. Retrograde Planung
   Bei der Vorgehensweise der retrograden Methoden werden die Kostenstellenbudgets auf die Prozesse analog der zur Prozessdurchführung benötigten Personaljahre verrechnet. Als Personaljahr gilt in diesem Zusammenhang die Arbeitsleistung, die eine Person pro Jahr verzeichnet. Die Anzahl der Personaljahre je Prozess ist von der Kostenstellenleitung, gegebenenfalls mithilfe der ermittelten Zeiten aus der Tätigkeitsanalyse, anzugeben.

Betrachten Sie zur Berechnung der Prozesskosten das folgende Beispiel anhand von Tab. 4.2. Ausgegangen wird von einem Jahresbudget von 600.000 € in einer Kostenstelle „Einkauf".

Aus dem Budget der Einkaufskostenstelle von 600.000 € und sechs Personaljahren resultieren diese Prozesskosten:

$$600.000 \text{ € durch } 6,0 \text{ Personaljahre } = 100.000 \text{ € pro Personaljahr}$$

Die Prozesskosten können nun für jeden Prozess ermittelt werden, wie in nachstehender Tabelle dargestellt (Tab. 4.3).

---

[9] Vgl. Kremin-Buch (2007), S. 57.

Tab. 4.2 Zuordnung der Personaljahre in der Prozesskostenplanung. (Quelle: Eigene Darstellung in Anlehnung an Kremin-Buch (2007), S. 58)

Teilprozesse	Kostentreiber: Anzahl der…	Kostentreibermengen	Personaljahre
Rahmenverträge abschließen	Rahmenverträge	70	0,7
Abrufe über Rahmenverträge	Abrufe	1500	0,9
Bestellungen Serienmaterial	Einzelbestellungen	2000	1,8
Bestellungen Gemeinkostenmaterial	Bestellungen	1000	0,9
Lieferantenkontakte halten	Lieferanten	100	0,7
Abteilung leiten			1,0
Summe Personaljahre			**6,0**

4.5 Kalkulation der Prozesskostensätze

Im Anschluss an die Prozesskosten-Ermittlung sind die jeweiligen Prozesskostensätze zu kalkulieren. Unter Zuhilfenahme dieser können die Kosten der indirekten Bereiche auf die Kostenträger verrechnet werden. Dabei sind die lmi- und lmn-Prozesskostensätze zu unterscheiden, deren Summe den Gesamtprozesssatz ergibt.

lmi-Prozesskostensatz
Hier gilt die Formel:

$$\text{lmi} - \text{Prozesskostensatz} = \text{lmi} - \text{Prozesskosten/Prozessmenge}$$

Das Ergebnis gibt an, wieviel eine Prozess- oder Tätigkeitsdurchführung kostet.

lmn-Prozesskostensatz bzw. Umlagesatz
Da für lmn-Prozesse bzw. -Tätigkeiten keine Prozessmenge vorhanden ist, werden die Kosten über Umlagesätze auf die Kostenträger verkalkuliert.

Tab. 4.3 Verrechnung der Kosten in der Prozesskostenplanung. (Quelle: Eigene Darstellung in Anlehnung an Kremin-Buch (2007), S. 59)

Teilprozesse	Kostentreiber Anzahl der	Kostentreibe-rengen	Personal-jahre	lmi-Prozesskosten	lmn-Prozesskosten
Rahmenver-träge abschließen	Rahmenver-träge	70	0,7	70.000 €	
Abrufe über Rahmenver-träge	Abrufe	1500	0,9	90.000 €	
Bestellungen Serienmate-rial	Einzelbestel-lungen	2000	1,8	180.000 €	
Bestellungen Gemeinkos-tenmaterial	Bestellungen	1000	0,9	90.000 €	
Lieferanten-kontakte halten	Lieferanten	100	0,7	70.000 €	
Abteilung leiten			1,0		100.000 €
Summe Per-sonaljahre			**6,0**	**500.000 €**	**100.000 €**

lmn − Prozesskostensatz = Umlagesatz

= lmn − Prozesskosten/Summe der lmi − Prozesskosten

Gesamtprozesskostensatz
Um den Gesamtprozesskostensatz zu ermitteln, sind die beiden Prozesskostensätze lediglich zu addieren[10]:

Gesamtprozesskostensatz = lmi − Prozesskostensatz

+ lmn − Prozesskostensatz

Im bisher betrachteten Beispiel entspricht die Kalkulation der Prozesskostensätze pro Prozessdurchführung (Pd) den Daten aus Tab. 4.4.

---

[10] Vgl. Kremin-Buch (2007), S. 59 f., Joos (2014), S. 357 f.

Tab. 4.4 Berechnung der Prozesskostensätze. (Quelle: Eigene Darstellung in Anlehnung an Kremin-Buch (2007), S. 61)

Teilprozesse	Kostentreiber	Kostentreibermengen	Prozesskosten [€]	lmi-Kosten [€/Pd]	lmn-Kosten [€/Pd]	Gesamtkosten [€/Pd]
Rahmenverträge abschließen	Rahmenverträge	70	70.000	1000	200	1200
Abrufe über Rahmenverträge	Abrufe	1500	90.000	60	12	72
Bestellungen Serienmaterial	Einzelbestellungen	2000	180.000	90	18	108
Bestellungen Gemeinkostenmaterial	Bestellungen	1000	90.000	90	18	108
Lieferantenkontakte halten	Lieferanten	100	70.000	700	140	840
Abteilung leiten			100.000			
Summe			**600.000**			

Die Berechnung der lmn-Kosten am Beispiel „Rahmenverträge abschließen" sieht wie folgt aus:

$$\text{Umlagesatz} = 100.000 \text{€ lmn} - \text{Prozesskosten}/500.000 \text{€ lmi} - \text{Prozesskosten}$$
$$= 20\%$$

$$\text{lmn} - \text{Prozresskosten} = 1000 \text{€}/\text{Prozess} \times 20\%$$
$$= 200 \text{€}/\text{Abruf Rahmenvertrag}$$

4.6 Effekte der Prozesskostenrechnung

Durch die Anwendung der Prozesskostenrechnung resultieren durch die veränderte Allokation der Gemeinkosten im Vergleich zur traditionellen Kostenrechnung andere Produktkosten pro Stück. In der Literatur ist diesbezüglich die Rede von folgenden Effekten:

- Allokationseffekt,
- Komplexitätseffekt und
- Degressionseffekt.

Beim **Allokationseffekt** wird die Verwendung von einer verursachungsgerechten Verrechnung in Abhängigkeit zum Ressourcenverbrauch im Gegensatz zur Zuschlagskalkulation der klassischen Verrechnung deutlich. Betrachten Sie dazu das folgende Beispiel: Ein Unternehmen produziert drei verschiedene Tische A, B und C mit den in Tab. 4.5 dargestellten Daten:

Im Ergebnis werden dem Tisch C mit der Prozesskostenrechnung 10 € weniger Materialgemeinkosten zugeordnet als mit der klassischen Zuschlagskalkulation, Tisch A dagegen 10 € mehr. Die Gemeinkosten sind somit anders verteilt (Allokationseffekt).

Die Komplexität eines Produktes wird in der Prozesskostenrechnung über zusätzliche Gemeinkosten berücksichtigt. Dadurch, dass komplexe Produktvarianten verstärkt Kosten in den indirekten Bereichen verursachen, wird diesen auch dementsprechend mehr Anteil der Gemeinkosten zugerechnet. Dieser Effekt wird als **Komplexitätseffekt** betitelt.

Tab. 4.5 Erklärung des Allokationseffekts an einem Praxisbeispiel. (Quelle: Eigene Darstellung in Anlehnung an Joos (2014), S. 366)

Produkt	Materialeinzelkosten	Materialgemeinkosten mit Zuschlagssatz 20 %	Materialgemeinkosten mit Prozesskostensatz	Allokationseffekt
Tisch A	50 €/Stück	10 €/Stück	20 €/Stück	+ 10 €/Stück
Tisch B	100 €/Stück	20 €/Stück	20 €/Stück	+ / − 0 €/Stück
Tisch C	150 €/Stück	30 €/Stück	20 €/Stück	− 10 €/Stück

Während bei einer Zuschlagskalkulation die Gemeinkosten pro Stück konstant bleiben, reduzieren sich die Prozesskosten pro Stück bei steigender Ausbringungsmenge. In diesem Zusammenhang ist die Rede vom sogenannten **Degressionseffekt.** Damit ist die Prozesskostenrechnung auch hier näher am Prinzip der Verursachungsgerechtigkeit als die traditionellen Kostenrechnungssysteme, da in der Regel kaum zusätzliche Kosten bei höherer Stückzahl entstehen, wenn zum Beispiel die Abwicklung von Bestellungsvorgängen betrachtet wird, wohingegen aber Produkte mit geringer Stückzahl pro Stück verhältnismäßig mehr Kosten verursachen.[11]

---

[11] Vgl. Coenenberg, Fischer, & Günther (2007), S. 145–148, Joos (2014), S. 365–368.

Anwendung des Prozesskostenmanagements in der Industrie

5

Auf Basis der ausführlichen Erklärungen der Anforderungen an die Industrie und der Darstellung des Prozesskostenmanagements als Kostenmanagement-Instrument soll in diesem Kapitel der Fokus darauf liegen,

- inwiefern die Herausforderungen der Industrie sich auf die Anwendbarkeit des Prozesskostenmanagements als Instrument des Kostenmanagements auswirken,
- welche Vorschläge zu benennen sind, damit ein Unternehmen die Auswirkungen von Kostendruck und Wettbewerb steuern kann und
- warum es schwierig zu beurteilen ist, inwiefern eine Sinnhaftigkeit zur Einführung des Prozesskostenmanagements tatsächlich gegeben ist.

5.1 Auswirkungen der Entwicklungen in der Industrie auf das Prozesskostenmanagement

Automatisierung

Mit der Entwicklung der Industrie 4.0 gilt unter anderem die zunehmende Automatisierung als offensichtliche Herausforderung der Industrie. Doch wie wirkt sie sich auf die (Prozess-)Kosten aus? Im Endeffekt ist mit der Investition in Automatisierungstechnik eine Kostenreduktion beabsichtigt. Diese ist innerhalb der Produktion vor allem im direkten Bereich zu beobachten, da oftmals Personalressourcen eingespart und die Effizienz durch höhere Produktivität gesteigert werden kann. So können gegebenenfalls nur noch wenige Mitarbeiter mehrere Produktionslinien betreuen, das heißt beaufsichtigen, warten oder im Problemfall eingreifen. Jedoch

>© Der/die Autor(en), exklusiv lizenziert durch Springer Fachmedien Wiesbaden GmbH, ein Teil von Springer Nature 2021
N. Rauber und S. Georg, *Prozesskostenmanagement in der Industrie*, essentials,
https://doi.org/10.1007/978-3-658-35298-1_5

haben hochautomatisierte Anlagen in der Regel einen höheren Pflege- und Koordinierungsaufwand durch beispielsweise Planungs- oder Programmierungstätigkeiten im indirekten Bereich. Es unterstützen ganze Projektteams bei der Planung und Implementierung dieser Projekte, und nach erfolgreicher Inbetriebnahme geht der Mehraufwand in den indirekten Bereichen weiter mit der Planung und Verfolgung der Kapazitäts- bzw. Maschinenauslastung und der Koordination der Maschinen. Doch Automatisierung kann auch in indirekten Bereichen wie der Logistik erfolgen. Es können beispielsweise autonome Transportsysteme, Förderbänder oder automatisierte Hochregallager eingeführt, aber auch sämtliche indirekte Prozesse mithilfe von IT-Systemen automatisiert werden.

Generell hat die Automatisierung in der Prozesskostenrechnung Einfluss auf die

- Prozesse / Tätigkeiten:
  - Eliminierung der zuvor definierten Prozesse oder Tätigkeiten
  - Generierung neuer Prozesse
  - oftmals erhöhter Arbeitsaufwand in der IT-Abteilung durch: Implementierung bzw. Programmierung der automatisierten Prozesse, Betreuung und Wartung neuer Systeme (siehe Digitalisierung)
- Kostentreiber:
  - teilweise andere Kostentreiber
  - Veränderung der Kostentreibermengen
  - In der Regel führt Automatisierung zur Reduzierung der Mitarbeiter und deswegen in der Personalabteilung zu geringeren Kostentreibermengen z. B. einer geringeren Anzahl von Gehaltsabrechnungen
- Prozesskosten:
  - Art und Bereich der Automatisierung führt zu unterschiedlichen Kostenentwicklungen (für Details: siehe untenstehende Tabelle)
  - häufig höhere IT-Kosten: Höhere Personalkosten, Lizenzkosten, Equipment-Kosten usw.

Wie sich eine solche Automatisierung je nach Art des Bereichs, in der die Automatisierung durchgeführt wird, auf das Prozesskostenmanagement auswirken kann, ist folgenden Tabellen zu entnehmen. Gerade im Bereich der Produktion sind genäß Tab. 5.1 zahlreiche Veränderungen zu erwarten.

Darüber hinaus ist der Bereich der Logistik in Industriebetrieben stark von den Möglichkeiten zur Automatisierung beeinflusst, wie Tab. 5.2 veranschaulicht.

Außerdem sind zahlreiche andere indirekte Unternehmensbereiche in Industrieunternehmen von Automatisierungen betroffen, die in Tab. 5.3 zusammengefasst

Tab. 5.1 Auswirkungen der Automatisierung in der Produktion. (Quelle: Eigene Darstellung)

Automatisierung in der Produktion		
Prozesse/Tätigkeiten	Kostentreiber	Prozesskosten
• zusätzliche Tätigkeiten zur Koordination • zusätzliche Tätigkeiten zur Programmierung der automatisierten Anlagen in der Produktionssteuerung • zusätzliche Tätigkeiten zur Arbeitsvorbereitung • Beispiel: Maschinenbelegungsplanung	• neue Kostentreiber, z. B. Anzahl der Produktionsmaschinen • bei Erhöhung der Produktionsmengen durch Automatisierung auch Erhöhung der Mengen der Kostentreiber, z. B. Anzahl der Aufträge	• erhöhte Personalkosten in der Produktionssteuerung • bei erhöhten Kostentreibermengen teilweise geringere Prozesskosten pro Prozess

Tab. 5.2 Auswirkungen der Automatisierung in der Logistik. (Quelle: Eigene Darstellung)

Automatisierung in der Logistik		
Prozesse/Tätigkeiten	Kostentreiber	Prozesskosten

• Veränderung oder teilweise Eliminierung von Prozessen
• Beispiel: automatisiertes Hochregallager
  – vor Automatisierung: manueller Einlagerungsprozess durch Mitarbeiter mit Gabelstapler
  – nach Automatisierung: Anstoßen des automatischen Einlagerungsprozesses mit Überwachung und ggf. Steuerung des Lagersystems
	• ggf. andere Kostentreiber
	• Veränderung der Kostentreibermengen durch Erhöhung der Produktivität
	• Beispiel: autonome Transportsysteme
	  – vor Automatisierung: Anzahl der Paletten
	  – nach Automatisierung: Anzahl der aktiven Transportsysteme
		• geringere Personalkosten durch automatisierte Prozesse, die zuvor Mitarbeiter ausgeführt hat
		• höhere Wartungskosten
		• höhere Stromkosten
		• ggf. weniger Raumkosten (falls Reduzierung der Lagerbestände möglich wird)
		• höhere Abschreibungen

sind. Dazu zählen beispielsweise das Rechnungswesen und Controlling, der Einkauf oder das Personalmanagement.

Wie sich eine Automatisierungsmaßnahme auf die indirekten Prozesse auswirkt, kann mittels des Prozesskostenmanagements analysiert werden. Oftmals liegt der

Tab. 5.3 Auswirkungen der Automatisierung auf weitere indirekte Prozesse. (Quelle: Eigene Darstellung)

Automatisierung anderer indirekter Prozesse (Controlling, Einkauf etc.)		
Prozesse/Tätigkeiten	Kostentreiber	Prozesskosten
• Eliminierung von oder zeitliche Reduktion der Ausführung von Prozessen • Beispiel im Controlling • vor Automatisierung: manuelle Umsetzung der Kostenplanung • nach Automatisierung: Aktualisierung von automatisch generierten Modellen zur Kostenplanung	• oft gleiche oder ähnliche Kostentreiber	• geringere Personalkosten pro Prozess durch geringeren zeitlichen Bedarf • evtl. höhere Abschreibungen aufgrund zusätzlicher Automatisierungstechnik

Fokus eines Unternehmens zwar noch primär auf der Prozessoptimierung in den direkten Bereichen, aber sofern dort zunehmend die Potenziale ausgeschöpft sind, sollte eine Verschiebung des Augenmerks auf den indirekten Bereich erfolgen. Dort können die Auswirkungen einer Automatisierung zu einer erheblichen Veränderung der Kosten und damit der Prozesskosten führen. Wie unter dem Punkt „Automatisierung diverser anderer indirekter Prozesse" in der Tabelle 6 ersichtlich ist, gibt es zahlreiche Abteilungen im indirekten Bereich, bei denen eine Optimierung der (Prozess-)Kosten möglich ist. Auch die Betrachtung des Unternehmensbereichs der Logistik ist nicht unerheblich. Dazu sollten zunächst nicht oder wenig wertschöpfende Prozesse identifiziert werden und im Anschluss eliminiert oder durch beispielsweise Automatisierung optimiert werden. Hier bietet das Prozesskostenmanagement eine gute Grundlage, da alle Prozesse analysiert und quantifiziert werden. Nach der Prozessanalyse und der Darstellung der Ist-Situation bietet es sich auch an, Ziele für Prozesskostensätze zu definieren. Das kann auf Basis der Ist-Zahlen erfolgen, oder aber es sind mehr oder weniger losgelöst von der Ist-Situation Soll-Zahlen festzulegen. Falls eine Automatisierung zur Optimierung der Leistungserbringung infrage kommt, können die Ist-Daten nach der Automatisierung mit den vorherigen Ist- und auch Soll-Kostensätze verglichen werden. Generell eignet sich eine Automatisierung sehr gut bei Prozessen, die repetitiv sind und sich eher als weniger komplex ausweisen.

Digitalisierung

Neben der Automatisierung geht auch die Digitalisierung mit Industrie 4.0 bzw. Smart Factories einher. Einen Teil der Auswirkungen wurde bereits bei der Erläuterung des Automatisierungsaspekts abgedeckt, da eine Automatisierung sich häufig auf eine zunehmende Digitalisierung zurückführen lässt. Generell spiegelt sich der Aspekt der Digitalisierung hauptsächlich in einer Erhöhung der IT-Kosten wider. Durch intensivere Nutzung der Informationstechnologie in sämtlichen Unternehmensbereichen und auch durch regulatorische Vorgaben durch den Staat steigen Kosten und Aufwand für die Erweiterung von Tätigkeiten im Zusammenhang mit.

- der Betreuung und Wartung sämtlicher Systeme,
- der Implementierung neuer Systeme,
- dem IT Equipment und den Lizenzen sowie
- dem Datenschutz bzw. der IT-Sicherheit im Allgemeinen.

Es gibt immer mehr Mitarbeiter, die ihre Arbeit digital abwickeln und damit Lizenzen und IT-Equipment benötigen, was die IT-Abteilung einrichtet und koordinieren muss. Die Einführung oder Erweiterung von Robotersystemen oder von Lösungen zur Smart Factory erhöhen den Programmierungsaufwand zur Einrichtung und auch zur Kommunikation der unterschiedlichen Systeme. Des Weiteren ist seit einigen Jahren mehr auf die Vermeidung von Datenschutzlücken zu achten und bei Systemfehlern eine IT-Hotline zur Beantwortung sämtlicher Fragen zur Verfügung zu stellen.

Für das Prozesskostenmanagement heißt dies, dass es neben der Erweiterung der Prozesse auch zu neuen Kostentreibern wie zum Beispiel der „Anzahl der Lizenzen", „Anzahl der IT-Fehler-Tickets" oder „Anzahl der Systemanforderungen" und auch einer Veränderung der Kostentreibermengen kommt. In anderen Unternehmensbereichen sollte es dagegen zu geringeren Kosten und einer Effizienzsteigerung kommen. Durch das Prozesskostenmanagement kann bei zunehmenden Prozessen, Kosten und Kostentreibermengen die Effizienz der (IT-)Prozesse stetig gemessen werden.

Darüber hinaus bietet die Digitalisierung auch Vorteile für die Implementierung und Pflege der Prozesskostenrechnung. Dadurch, dass Prozesse digital abgebildet sind, werden viele Daten bereits automatisch erfasst, die bei der Datenerhebung für das Prozesskostenmanagement zu einer erheblichen Senkung des Zeitaufwands führen können, was die Einführung dieses Kostenmanagement-Instruments durchaus vereinfachen und vergünstigen würde.

Hinsichtlich der Digitalisierung ist jedoch auch darauf zu achten, dass nicht nur andere Unternehmensbereiche digitalisiert und optimiert werden, sondern auch die Prozesse innerhalb der IT möglichst effizient ablaufen und ausgebaut werden. Aufgrund des Mehraufwands sollte beispielsweise nicht zwingend mehr Personal benötigt werden. Stattdessen ist es sinnvoll, zunächst vorhandene Ressourcen auszulasten und eine durchdachte Organisation und Koordination der IT-Abteilung zu entwickeln, um so die Prozesskosten möglichst gering zu halten. Hierzu kann eine konkrete Zuordnung der Aufgabenbereiche zu einzelnen Mitarbeitern erfolgen, die für wenige Prozesse und den dazugehörenden Prozesskostensätzen Verantwortung tragen. Damit kann die Motivation eines Mitarbeiters gesteigert werden, weil er seine eigenen Zielvariablen verfolgen kann und sich nach und nach selbst optimieren kann. Für Prozesse, die mehrere Mitarbeiter betreffen, können auch Prozessverantwortliche definiert werden, die die Verfolgung der Prozesskosten übergreifend im Auge behalten. Für das IT-Equipment sowie für Lizenzen sollten nach Möglichkeit auch wenige Mitarbeiter eingeteilt werden, die einen Überblick über das ganze Unternehmen haben. Denn in der Praxis ist es teilweise der Fall, dass es keine Transparenz darüber gibt, welche Mitarbeiter welches Equipment und welche Systemlizenzen besitzen und diese dann bei Tätigkeitswechsel oder sogar bei Verlassen des Unternehmens auch behalten, sodass das Unternehmen weiterhin unnötigerweise für die Lizenzen zahlt. Durch entsprechende Optimierungsansätze lassen sich Gemeinkostensenkungen realisieren.

Ressourcenschonung

Der Verbrauch von Ressourcen lässt sich nahezu in allen Prozessen wiederfinden, da der Ressourcenbegriff sowohl Material, Energie als auch Personal umfasst. In vielen Unternehmen wurden sogenannte „Lean Management"-Abteilungen aufgebaut, die sich auf die Ressourcenschonung und Reduzierung bzw. Eliminierung von Verschwendungen konzentrieren. Damit können wirtschaftliche Ziele sowohl hinsichtlich der Kosten als auch der Umwelt erreicht werden.

Im Sinne des Prozesskostenmanagements bedeutet die Einführung von Lean Management Teams zwar zunächst einen Aufbau an Personal, eventuell zusätzliche Kosten für Raum- und Büroausstattung im indirekten Bereich, jedoch lassen sich nicht nur direkte, sondern auch indirekte Prozesse dadurch optimieren. Vergleichbar zur Automatisierung wäre eine vorhandene Datenbasis durch eine Anwendung der Prozesskostenrechnung hilfreich, da in der Regel im Vorfeld der Digitalisierung bereits eine Prozessanalyse stattfand und so schon nicht- oder wenigwertschöpfende Prozesse bereits in den Fokus gerückt sind. Grundsätzlich können die Daten aus dem Lean Management die Einführung eines Prozesskostenmanagements vereinfachen. Nach dem anfänglich erhöhten Bedarf an Ressourcen können so aber nach und nach auch im indirekten Bereich Potenziale in der Raumgestaltung

oder der Auslastung der Mitarbeiter aufgedeckt werden, womit sich die Zusatz-
kosten schnell begleichen lassen und darüber hinaus zusätzliche Kosten eingespart
werden können. Letztlich können so die Prozesskosten reduziert oder Ressourcen
für neue Prozesse freigegeben werden. Als Kostentreiber könnten hier exempli causa
die Anzahl der optimierten Prozesse hinzukommen.

Im Rahmen der Optimierung der Ressourcen ergeben sich auch Auswirkungen auf die Verrechnung der Gemeinkosten nach Zuschlagssätzen. Diese werden
über den Allokationseffekt deutlich. Sinken die Materialeinzelkosten eines Produktes, werden aufgrund des fixen Prozentsatzes auch weniger Materialgemeinkosten
verrechnet, obwohl die Kosten pro Stück bei einer verursachungsgerechten Verrechnung dieser Gemeinkosten unter der Voraussetzung, dass diese nicht optimiert
wurden, stagnieren würden.

Globalisierung
Die sich aus der Globalisierung ergebenden Anforderungen an Industrieunternehmen ziehen betreffen ebenfalls diverse Prozesse eines Unternehmens. So hat
die Globalisierung beispielsweise Einfluss auf Abteilungen wie die Logistik, den
Einkauf oder den Vertrieb. Dieser Einfluss zeigt sich beispielsweise über.

- weitere Transportwege,
- die Einführung oder Erweiterung der Zollabteilung,
- die Ausweitung des Marktes auf ein internationales Niveau oder
- die Einkaufs- oder Verkaufspreise durch Währungseffekte.

Ferner kann auch die Qualitätsabteilung von Globalisierungseffekten betroffen sein,
da sich Unternehmen bei teuren Produkten zur Sicherung der Wettbewerbsfähigkeit
auf eine hochwertige Produkt- und Leistungsqualität fokussieren. Die Vielzahl der
Auswirkungen der Globalisierung auf die unternehmerischen Prozesse der Industrie und damit auf das Prozesskostenmanagement eines Unternehmens sind anhand
einiger Beispiele in Tab. 5.4 dargestellt:

Neben der Logistik sind auch das Beschaffungswesen bzw. der Einkauf stark
von den Einflüssen der Globalisierung betroffen. Beispielhafte Überlegungen zu
Tätigkeiten bzw. Prozessen, Kostentreibern und den zu erwartenden Prozesskosten
sind in der folgenden Tabelle zusammengefasst.

Aufgrund der Entstehung neuer Absatzmärkte beeinflusst die Globalisierung
auch das Marketing und den Vertrieb. Aus neuen bzw. veränderten Tätigkeiten zur
Bearbeitung der internationalen Märkte resultieren zusätzliche Kostentreiber und
veränderte Kostenstrukturen. Auch die Kostenhöhe ist Veränderungen unterworfen,
wie Tab. 5.6 zeigt.

Tab. 5.4 Auswirkungen der Globalisierung auf die Logistik. (Quelle: Eigene Darstellung)

Globalisierung in der Logistik

Prozesse/Tätigkeiten	Kostentreiber	Prozesskosten
• zusätzliche bzw. veränderte Tätigkeiten zur internationalen Abwicklung • Beispiel: Exportabwicklung (z. B. für ein bestimmtes Land)	• zusätzliche Kostentreiber • Beispiel: Anzahl der exportierten Paletten	• erhöhte Personalkosten durch zusätzlichen Abwicklungs- und Koordinationsaufwand • höhere Transportkosten durch längere bzw. teurere Versandwege

Tab. 5.5 Auswirkungen der Globalisierung auf den Einkauf. (*Quelle: Eigene Darstellung*)

Globalisierung im Einkauf

Prozesse/Tätigkeiten	Kostentreiber	Prozesskosten
• zusätzliche bzw. veränderte Tätigkeiten durch Erweiterungen des Beschaffungsmarktes • Beispiel: Umrechnung der Angebote in Hauswährung bzw. zusätzliche Betreuung internationaler Lieferanten	• zusätzliche Kostentreiber • Beispiel: Anzahl internationaler Lieferanten	• erhöhte Personalkosten durch zusätzlichen Koordinations- und Abwicklungsaufwand • ggf. höhere Reisekosten bei Aufnahme internationaler Lieferanten

Tab. 5.6 Auswirkungen der Globalisierung auf Marketing und Vertrieb. (Quelle: Eigene Darstellung)

Globalisierung im Marketing bzw. Vertrieb

Prozesse/Tätigkeiten	Kostentreiber	Prozesskosten

• zusätzliche bzw. veränderte Tätigkeiten durch Erweiterungen des Absatzmarktes
• Beispiel:
  – Kundenakquise im neuen Land
  – länderspezifische Anpassungen der Werbung
  – internationale Marktanalyse
	• zusätzliche Kostentreiber
	• Beispiel:
	  – Anzahl internationaler Kunden
	  – Anzahl internationaler Werbeanzeigen
		• erhöhte Personalkosten durch zusätzlichen Koordinations- und Abwicklungsaufwand
		• höhere Reisekosten
		• höhere Werbungskosten

Tab. 5.7 Auswirkungen der Globalisierung auf das Qualitätsmanagement. (Quelle: Eigene Darstellung)

Globalisierung im Qualitätsmanagement

Prozesse/Tätigkeiten	Kostentreiber	Prozesskosten
• zusätzliche bzw. veränderte Tätigkeiten zur Erhöhung der Wettbewerbsfähigkeit und durch landesspezifische Vorgaben • Beispiel: Durchführung landesspezifischer Tests	• ähnliche Kostentreiber wie Anzahl der Proben oder Anzahl der Prüfungen	• erhöhte Personalkosten durch zusätzlichen Koordinations- und Abwicklungsaufwand • zusätzliches Equipment oder zusätzliche Laboreinrichtung • ggf. geringere Kosten, falls landesspezifische Anforderungen geringer sind

Selbst eher unternehmensinterne Aufgaben wie die des Qualitätsmanagements in Industriebetrieben unterliegen einer Beeinflussung durch die Globalisierung, wie die nachstehende Tabelle beispielhaft zeigt.

Auch auf Produktionssteuerung und Arbeitsvorbereitung, die traditionell für die Industrie von großer Bedeutung sind, wirkt sich die Globalisierung aus. Diese sind exemplarisch in Tab. 5.8 zusammengestellt.

Tab. 5.8 Auswirkungen der Globalisierung auf die Produktionssteuerung. (Quelle: Eigene Darstellung)

Globalisierung in der Produktionssteuerung bzw. Arbeitsvorbereitung

Prozesse/Tätigkeiten	Kostentreiber	Prozesskosten

• zusätzliche Tätigkeiten durch
  – Betreuung und Produktionssteuerung landesspezifischer Produktvarianten
  – Stücklistenpflege internationaler Produkte
  – Unterstützung beim Aufbau neuer Produktionsstandorte im Ausland
	• zusätzliche Kostentreiber
	• Beispiel:
	  – Anzahl länderspezifischer Produktvarianten
	  – Anzahl der Dienstreisen zu neuen Produktionsstandorten im Ausland
		• erhöhte Personalkosten durch zusätzlichen Koordinations- und Abwicklungsaufwand
		• höhere Reisekosten
		• zusätzliche Zertifizierungskosten für ausländische Produktvarianten

Tab. 5.9 Auswirkungen der Globalisierung auf das Management. (Quelle: Eigene Darstellung)

Globalisierung im Management

Prozesse/Tätigkeiten	Kostentreiber	Prozesskosten
• zusätzliche bzw. veränderte Tätigkeiten durch Erweiterungen der strategischen Möglichkeiten • Beispiel: Überprüfung internationaler Standorte zur Produktionserweiterung	• eher keine neuen Kostentreiber da meist leistungsmengenneutrale Tätigkeiten	• ggf. erhöhte Personalkosten durch zusätzliche Mitarbeiter • höhere Reisekosten

Letztendlich ist auch das Management nicht zu vergessen. Die Globalisierung schafft hier vor allem neue Möglichkeiten des Handels und übt damit einen Einfluss auf die Prozesskosten aus. Anregungen dazu sind in Tab. 5.9 zusammengestellt.

In der Regel sollten die Prozesskostensätze für internationale Prozesse eher höher sein als für nationale Prozesse, da sie meist einen Zusatzaufwand erfordern machen. Diese Entwicklung kann durch das Prozesskostenmanagement überprüft und gesteuert werden.

Speziell in den einzelnen Abteilungen können folgende Maßnahmen getroffen werden:

- Für den zusätzlichen Arbeitsaufwand durch Import und Export in den Abteilungen Logistik, Einkauf, Verkauf und Produktionssteuerung kann es hilfreich sein, die Prozesse möglichst zu standardisieren und konsolidieren, sodass Prozesse aus bzw. nach Ländern, die ähnlich abgewickelt werden können, auch nur nach einem Prozess bearbeitet und verrechnet werden. Dann gilt es nur einen Prozess zu optimieren anstatt einer Vielzahl.
- Außerdem sollten, wie auch bei der Digitalisierung vorgeschlagen, Soll-Prozesskostensätze bestimmt werden, beispielsweise mit der Unterscheidung in Prozesse mit nationaler und internationaler Auswirkung. Auch wenn die internationalen Kostensätze in der Regel höher sind, sollten diese auch nicht in die Höhe schnellen, sondern in einer ähnlichen Größenordnung wie die für die nationale Abwicklung sein. Sind nationale Kostensätze sogar teurer, wäre eine Überprüfung der definierten Ausgangsannahmen angebracht.
- Im Qualitätsmanagement sollten Tests, die lediglich für einzelne Länder erforderlich sind, auch in einem getrennten Prozess dargestellt werden und nur auf

die verursachenden Produkte bzw. Produktvarianten weiterverrechnet werden. Damit werden zwar keine Prozesskosten reduziert, aber mithilfe der Prozesskostenrechnung entsteht immerhin keine Verzerrung der Kosten auf Produktebene. Bei stärkerem Fokus auf Qualität sollte sich das Unternehmen aber generell auf die Prozesse im Qualitätsmanagement konzentrieren, damit diese nicht unüberwacht zu stark anwachsenden Kosten führen.

Zunehmende Heterogenität und Komplexität der Produkte
Bei der Herstellung von individualisierten und komplexen Produkten entstehen sowohl in der Produktion hinsichtlich der Produktionssteuerung bzw. Arbeitsvorbereitung als auch im Einkauf ein Zusatzaufwand. Inzwischen werden nicht nur komplexe Produkte nach Kundenwünschen personalisiert, sondern auch bei weniger komplexen Produkten steigt die Variantenanzahl. Dazu kommt es zu dem Trend, dass viele Produktvarianten durch den hohen Personalisierungsgrad zunehmend geringere Auftragsmengen ausweisen.

Durch jede Individualisierung und jeden Produktwechsel in der Produktionslinie wird ein zusätzlicher Arbeitsaufwand in der Produktionssteuerung generiert. Für jede Produktvariante werden eigene Stücklisten und Arbeitspläne angelegt, weswegen die Pflege der Stammdaten zunimmt; und jede Variante führt auch zu erhöhtem Aufwand hinsichtlich Lagerbestandsführung, Produktinformation oder Disposition. Die Produktionsplanung wird immer komplexer, sofern keine additionalen Lagerkosten verursacht werden sollen. Bei Betrachtung des Prozesskostenmanagements bedeutet dies, dass zwar nicht unbedingt neue Prozesse entstehen, aber teilweise andere Kostentreiber hinzukommen können bzw. abzuwägen sind, beispielsweise die „Anzahl der Produktvariantenänderungen" oder die „Anzahl der Neuprodukte" für die Stücklistenpflege. Auch im Einkauf kommt es oft zu zusätzlichem Arbeitsaufwand, da mit der Produktindividualisierung auch die Vielfalt an benötigten Materialien steigt. In beiden Bereichen führt dies letztlich zu erhöhten Prozesskosten insgesamt, da oft auch zusätzliches Personal benötigt wird.

Zusätzliche Produktvarianten und damit höhere Prozesskosten können beispielsweise durch eine Bedienungsanleitung oder Produktbeschreibung auf mehreren Sprachen vermieden werden, da die Kosten für den Aufwand zur Koordination der unterschiedlichen Produktvarianten größer sein kann als die Kosten für größere Etiketten oder eine längere Beschreibung.

Vor allem aufgrund der dargestellten Entwicklungen bewährt sich die Einführung eines Prozesskostenmanagements. Vor allem die Folgen von Individualisierung und Globalisierung zeigen sich über den Degressions- und Komplexitätseffekt bei nicht verursachungsgerechter Verrechnung der Kosten. Eine verursachungsgerechte

Kostenverrechnung ist diesbezüglich jedoch unerlässlich, um strategische Fehlentscheidungen aufgrund eines verzerrten Produktkostenbildes und einer damit einhergehenden verfälschten Gewinnmarge auf Stückebene zu vermeiden.

Preisdruck vs. überproportionale Lohnkosten im Vergleich zur Produktivität

Die hohen Lohnkosten in Deutschland stehen im Konflikt mit dem steigenden Preisdruck. Viele zuvor erwähnte Entwicklungen in der Industrie haben im ersten Schritt vor allem einen Mehrbedarf an Personal im indirekten Bereich zur Folge, weswegen die Kosten zunächst steigen, anstatt zu sinken. Aus diesem Grund und der Tatsache, dass die Gehälter jedes Jahr um einige Prozent steigen,[1] müssen entweder der Produktpreis erhöht oder die sonstigen Produktkosten gesenkt werden, um den gleichen Gewinn zu erwirtschaften. Die erhöhten Personalkosten führen zu steigenden Prozesskosten, aber keinen veränderten Kostentreibern oder zusätzlichen Prozessen. Der Preisdruck auf die Industrieunternehmen kann mit zusätzlichen Kosten im Bereich des Einkaufs zur Kostensenkung, im Verkauf zur Absatzsteigerung und im Produktionsmanagement zu Optimierungszwecken und damit neuen oder veränderten Prozessen und Kostentreiber einhergehen. An dieser Stelle können die Prozesskosten in den einzelnen Abteilungen mit den daraus resultierenden Kostenersparnissen verglichen werden. So lassen sich beispielsweise die Prozesskosten für die Preisverhandlungen im Einkauf mit dem Effekt der damit einhergehenden Preisersparnissen vergleichen und so auf Sinnhaftigkeit prüfen. Wenn die Kosten im indirekten Bereich zwar steigen, das Unternehmen aber ganzheitlich davon überproportional profitiert, entsteht hier wenig Handlungsbedarf. Vielmehr zeichnet sich eine Entwicklung in Richtung der Optimierung des Industriebetriebs ab. Auch die Globalisierung führt hier zu enormen Auswirkungen, da sich mit ihr der Ein- und Verkauf von Produkten auf internationale Märkte ausdehnt.

Im Hinblick auf die steigenden Lohnkosten kann auf die Automatisierung, Digitalisierung und Ressourcenschonung verwiesen werden. Es sollte nur dann zusätzliches Personal eingestellt werden, wenn die Ressourcen erschöpft sind und eine Automatisierung bzw. Digitalisierung nicht infrage kommen. Gerade nach Abschluss von Automatisierungs- oder Digitalisierungsprojekten ist die Personalauslastung wieder zu überarbeiten, da hier oft nicht genutzte Kapazitäten zu finden sind. Es werden Mitarbeiter zur Umsetzung eines Projektes eingestellt und für neue Projekte wiederum neue Mitarbeiter bereitgestellt. Auch wenn das vorhandene Personal in der Zwischenzeit projektunabhängige Aufgaben übernommen hat, können nach Projektabschluss durchaus wieder Kapazitäten frei werden. Abgesehen davon

---

[1] Vgl. Statistisches Bundesamt (Destatis) (2020), S. 21.

sind Mitarbeiter auch produktiver, wenn sie motiviert sind. Somit können auch bereits Motivationsstrategien dabei helfen, zusätzlichen Personalbedarf zu vermeiden. Damit kann ein Unternehmen den Effekt der steigenden Lohnkosten zumindest teilweise kompensieren.

Über alle Entwicklungen innerhalb der Industrie hinweg lässt sich sagen, dass es definitiv wichtig ist, sich den Herausforderungen der Industrie zu stellen und daraus einen Nutzen zu ziehen, um so eine Optimierung der Kosten zu erzielen. Gerade in Krisensituationen wie in der Zeit des Dieselabgasskandals in der Automobilindustrie oder der Corona-Pandemie kann es zu Umsatzeinbußen kommen – bei mehr oder weniger gleichbleibenden indirekten Kosten, sodass eine weitere Erhöhung des Wettbewerbs zu beobachten ist, was letztlich zu einer Ausdehnung des Käufermarktes führt. Schon deswegen sind die indirekten Kosten generell regelmäßig auf Kosteneinsparungen zu analysieren, womit sich die Wettbewerbsfähigkeit und Effizienz eines Unternehmens steigern lässt. In diesem Kontext bietet das Prozesskostenmanagement eine Reihe von Vorteilen, die im folgenden Kapitel kurz zusammengefasst werden.

5.2 Beurteilung des Einsatzes des Prozesskostenmanagements in der Industrie

Um die Sinnhaftigkeit des Einsatzes des Prozesskostenmanagements in einem Industrieunternehmen zu beurteilen, soll zunächst eine SWOT-Analyse durchgeführt werden, bei der wie in Tab. 5.10 alle Vor- und Nachteile zusammengefasst und gegenübergestellt werden.

Auf den ersten Blick überwiegen die Stärken und Chancen des Prozesskostenmanagements, jedoch ist der Aufwand der Durchführung eines Prozesskostenmanagements nicht zu unterschätzen. Ein Unternehmen muss sich die Frage stellen, inwiefern finanzielle Mittel und Ressourcen vorhanden sind, um ein solches Kostenmanagement-Tool zu implementieren und zu pflegen, und ob der Mehrwert für das Unternehmen die Kosten und den Aufwand überwiegt. Nicht nur während der Datenerfassungsphase fallen Mitarbeiter zur Befragung und Beobachtung in den Optimierungsbereichen zum Einsatz des Prozesskostenmanagements an.

Nicht zu unterschätzen sind die internen und externen Entwicklungen und Treiber der Industrie, die enorme Auswirkungen auf ein Unternehmen haben. Durch die steigenden Kosten in den indirekten Bereichen aufgrund zunehmender Automatisierung und Regularien gewinnt das Prozesskostenmanagement immer mehr an Relevanz. Die Potenziale in produktionsnahen Bereichen sind oftmals schon

Tab. 5.10 SWOT-Analyse zum Prozesskostenmanagement[2]. (Quelle: Eigene Darstellung)

Strengths / Stärken
• Verursachungsgerechte Verrechnung der Gemeinkosten • Analyse der indirekten Prozesse • Erstellung einer Datengrundlage über unternehmensinterne Prozesse • Basis für strategische (Produkt-) Entscheidungen • Schaffung von Kostentransparenz und -kontrolle im indirekten Bereich

Weaknesses / Schwächen

• Kein Verursachungsprinzip bei Imn-Prozessen
• Hoher zeitlicher und finanzieller Aufwand zur
   - Implementierung und Erfassung
   - Pflege durch Datenaktualisierung, Ergänzung neuer Prozesse usw.
• Teilweise keine oder begrenzte Homogenität und Repetition der Prozesse
• Anpassungszeitraum der Prozesskostensätze in der Regel ein Jahr

Opportunities / Chancen

• Mögliche Prozessverbesserung im indirekten Bereich
   - Identifizierung von Potentialen
   - Lean Management (Prozessreduktion, -verknüpfung und -eliminierung)
   - Beseitigung von Ineffizienzen
• Verbesserung der Wettbewerbsfähigkeit durch Optimierung der Gemeinkosten
• Unterstützende Informationen bei
   - KVP und Produktivitätssteigerung
   - Ressourcenplanung / -nutzung
• Definition von Zielsetzungen und Verfolgung dieser (Soll-Ist-Vergleiche)
• Motivation der Mitarbeiter durch Übernahme von Verantwortung für einen Prozess

Threats / Risiken

• Begrenzte Qualität der Daten
   - Einschränkung der Datenerhebung durch Betriebsrat („Mitarbeiterkontrolle")
   - Keine Akzeptanz seitens der Mitarbeiter
   Verfälschte Datengrundlage zieht sich durch komplette Prozesskostenrechnung
• Je höher der Detaillierungsgrad desto höher der Aufwand
• Häufige Überarbeitung der Prozesskostenrechnung durch ständige
   Prozessveränderung aufgrund der Schnelllebigkeit

---

[2] Vgl. Coenenberg & Fischer (1995), S. 24 f., Coenenberg, Fischer, & Günther (2007), S. 188–190.

weitgehend ausgeschöpft. Deswegen sollte es mit zunehmend größerem indirektem Bereich zu einer Verschiebung des Fokus auf die Prozesskostenrechnung kommen, damit eine Verzerrung der Produktstückkosten und strategische Fehlentscheidungen vermieden werden können. Über alle Phasen der Industrie hinweg nahm der Umfang der indirekten Bereiche in den letzten Jahrzehnten zu. Mit dem Prozesskostenmanagement ist eine Kostentransparenz und -kontrolle in den indirekten Bereichen bereits nach der Einführung möglich, da die Prozesse sowohl bei der Einführung als auch bei der Aktualisierung der Daten detailliert analysiert werden. Insofern werden Potenziale zur Kostensenkung bzw. -steuerung, zur Effizienzsteigerung und zur Ressourcenschonung infolge der Identifizierung und des Abbaus von nicht wertschöpfenden Aktivitäten der bestehenden Prozesse aufgedeckt sowie ein Verständnis hinsichtlich möglicher Ineffizenzen geschaffen. Dies kann die effiziente Gestaltung zukünftiger Prozesse erleichtern.

Es ist jedoch anzuzweifeln, dass eine Prozesskostenrechnung tatsächlich die traditionelle Kostenrechnung ersetzen kann. In vielen Fällen ist es sinnvoller, zunächst die Prozesskostenrechnung als Hilfestellung zur Optimierung der Gemeinkosten zu verwenden.

Was Sie aus diesem *essential* mitnehmen können

- Industrieunternehmen sind einem großen internationalen Wettbewerb ausgesetzt und stehen deshalb unter enormem Kostendruck.
- Die Digitalisierung und die Entwicklung zur Industrie 4.0 ermöglichen Chancen, Prozesse neu zu denken und zu gestalten.
- Das Prozesskostenmanagement bietet die Chance, den digitalen Wandel in der Industrie wirtschaftlich zu begleiten und Kostenoptimierungspotenziale offenzulegen.
- Die Optimierung der Gemeinkosten schafft Möglichkeiten, die Wettbewerbsfähigkeit von Industrieunternehmen zu steigern.

Quellenverzeichnis

Print-Medien

Bauernhansl, T., ten Hompel, M., & Vogel-Heuser, B. (Hrsg.). (2014). *Industrie 4.0 in Produktion, Automatisierung und Logistik: Anwendung – Technologien – Migration.* Springer Vieweg.

Bratzel, S. (2018). *Der Abgasskandal und die Vertrauenskrise im Automobilmarkt –Ursachen, Lösungen und Auswirkungen auf den Verbraucher.* o. V.

Bundesministerium für Wirtschaft und Energie (BMWi). (2019). *Nationale Industriestrategie 2030: Strategische Leitlinien für eine deutsche und europäische Industriepolitik.* o. V.

Bundesverband der Deutschen Industrie (2013). *Industrielle Wertschöpfungsketten: Wie wichtig ist die Industrie?*

Bundesverband der Deutschen Industrie. (2015). *Globale Kräfteverschiebung – Wo steht die deutsche Industrie in der Globalisierung?* Industrie-Förderung.

Cezanne, W. (2005). *Allgemeine Volkswirtschaftslehre* (6. Aufl.). Oldenbourg.

Coenenberg, A. G., & Fischer, T. M. (1995). Anmerkungen zum Stand und zu den Entwicklungstendenzen der Prozeßkostenrechnung. In Männel, W. (Hrsg.), *Prozeßkostenrechnung: Bedeutung, Methoden, Branchenerfahrungen, Softwarelösungen* (S. 23–25). Springer Fachmedien.

Coenenberg, A. G., Fischer, T. M., & Günther, T. (2016). *Kostenrechnung und Kostenanalyse* (9. Aufl.). Schäffer-Poeschel.

Franz, K.-P. (1992). Moderne Methoden der Kostenbeeinflussung. In Männel, W. (Hrsg.), *Handbuch Kostenrechnung* (S. 1492–1505). Gabler.

Fröhling, O. (1994). *Dynamisches Kostenmanagement: Konzeptionelle Grundlagen und praktische Umsetzung im Rahmen eines Kosten- und Erfolgs-Controlling.* Vahlen.

Georg, S. (2014). *Basiswissen Kostenrechnung.* o.V.

Georg, S. (2021). *Das Taschenbuch zum Controlling* (2. Aufl.). neopubli.

Götze, U. (2004). *Kostenrechnung und Kostenmanagement.* Springer.

Hansmann, K.-W. (2006). *Industrielles Management* (8. Aufl.). Oldenbourg Wissenschaftsverlag GmbH.

Hofmann, S. (2014). *Prozessmanagement – Grundlagen und Begriffe.* eBusiness-Lotse Schleswig-Holstein.

© Der/die Herausgeber bzw. der/die Autor(en), exklusiv lizenziert durch Springer Fachmedien Wiesbaden GmbH, ein Teil von Springer Nature 2021
N. Rauber und S. Georg, *Prozesskostenmanagement in der Industrie*, essentials, https://doi.org/10.1007/978-3-658-35298-1

Huber, W. (2016). *Industrie 4.0 in der Automobilproduktion: Ein Praxishandbuch*. Springer.

Hubert, M. (1998). *Deutschland im Wandel: Geschichte der deutschen Bevölkerung seit 1815*. Franz Steiner.

Kremin-Buch, B. (2007). *Strategisches Kostenmanagement: Grundlagen und moderne Instrumente mit Fallstudien* (4. Aufl.). Gabler.

Langenbeck, J. (2017). *Kosten- und Leistungsrechnung*. NWB.

Lucks, K. (2017). *Praxishandbuch Industrie 4.0: Branchen – Unternehmen – M & A*. Schäffer-Poeschel.

Manzei, C. (2017). Einführung und Überblick. In: Manzei, C., Schleupner, L., & Heinze, R. (Hrsg.), *Industrie 4.0 im internationalen Kontext: Kernkonzepte, Ergebnisse, Trends* (S. 9–16). VDE GmbH, Beuth GmbH.

Monopolkommission. (2018). *Wettbewerb 2018: XXII. Hauptgutachten der Monopolkommission*. Nomos.

Promotorengruppe Kommunikation der Forschungsunion Wirtschaft – Wissenschaft (2012). *Im Fokus: Das Zukunftsprojekt Industrie 4.0 – Handlungsempfehlungen zur Umsetzung*. o. V.

Promotorengruppe Kommunikation der Forschungsunion Wirtschaft – Wissenschaft. (2013). *Umsetzungsempfehlungen für das Zukunftsprojekt Industrie 4.0: Abschlussbericht des Arbeitskreises Industrie 4.0*. o. V.

PwC Management Consulting, & Strategy&. (2014). *Industrie 4.0: Chancen und Herausforderungen der vierten industriellen Revolution*. o. V.

Reinhart, G. (2017). *Handbuch Industrie 4.0: Geschäftsmodelle, Prozesse, Technik*. Hanser.

Schäfer, S. (2018). Industrie 4.0 – Ein historischer Aus- und Rückblick. In Schäfer, S. & Pinnow, C (Hrsg.), *Industrie 4.0: Grundlagen und Anwendungen – Branchentreff der Berliner Wissenschaft und Industrie* (S. 1–9). Beuth.

Schönauer, A.-L. (2017). *Industriefeindlichkeit in Deutschland: Eine empirische Analyse aus sozialwissenschaftlicher Perspektive*. Springer.

Schröder, C. (2020). *Lohnstückkosten im internationalen Vergleich*. (I. d. e.V., Ed.). IW Medien GmbH.

Spath, D. (2017). Grundlagen der Organisationsgestaltung. In: Spath, D., et al. (Hrsg.), *Neue Entwicklungen in der Unternehmensorganisation*. Springer Gabler.

Bundesamt, S. (2014). *Klassifikation der Wirtschaftszweige: Mit Erläuterungen*. Statistisches Bundesamt.

Statistisches Bundesamt (Destatis). (2020). *Volkswirtschaftliche Gesamtrechnungen: Inlandsproduktberechnung Vierteljahresergebnisse: 3. Vierteljahr 2020*. o.V.

Stibbe, R. (2014). *Kostenmanagement: Methoden und Instrumente*. Walter de Gruyter GmbH & Co KG.

Verband Deutscher Maschinen- und Anlagenbau (Hrsg.) (2012). *Forschungspolitische Positionen: Unsere Zukunft im Blick*. VDMA.

Wöhe, G., & Döring, U. (2013). *Einführung in die Allgemeine Betriebswirtschaftslehre* (25. Aufl.). Verlag Franz Wahlen GmbH.

Internetquellen

Bibliographisches Institut GmbH. (2020). Industrie. Onlinequelle. Abgerufen am 04.11.2020 von Duden: https://www.duden.de/rechtschreibung/Industrie

Georg, S. (o. J.a). Prozesskostenmanagement. Onlinequelle. Abgerufen am 04.03.2021 von wiin-kostenmanagement: https://www.wiin-kostenmanagement.de/prozesskostma nagement/

Georg, S. (o. J.b). PKR als Vollkostenrechnung. Onlinequelle. Abgerufen am 22.11.2020 von wiin-kostenmanagement: https://www.wiin-kostenmanagement.de/prozesskostenre chnung-als-vollkostenrechnung/

Handelsblatt GmbH. (18.09.2020). Gebremster Aufschwung: Nun werden die strukturellen Schwächen Deutschlands sichtbar. Onlinequelle. Abgerufen am 11. 06 2020 von Handelsblatt: https://www.handelsblatt.com/politik/deutschland/hri-konjunkturprognose-geb remster-aufschwung-nun-werden-die-strukturellen-schwaechen-deutschlands-sichtbar/ 26195720.html?ticket=ST-6925956-NHqiPmlrlw1A4S0lko7a-ap1

Heinemann, S. (07.08.2019). Digitalisierung in der Industrie 4.0 – Chancen und Risiken. Onlinequelle. Abgerufen am 09.11.2020 von Haufe-Akademie: https://www.haufe-akademie.de/blog/themen/digital-business/digitalisierung-in-der-industrie-4-0-chancen-und-risiken/

Institut der deutschen Wirtschaft Köln e. V. (04.10.2019). Standort Deutschland: Das Kostenproblem wird größer. Onlinequelle. Abgerufen am 09.11.2020 von iwd: Das Kostenproblem wird größer: https://www.iwd.de/artikel/standort-deutschland-das-kostenpro blem-wird-groesser-444682/

Statista (o. J.). Bruttowertschöpfung nach Wirtschaftsbereichen. Onlinequelle. Abgerufen am 09.11.2020 von: https://de.statista.com/statistik/daten/studie/255682/umfrage/brutto wertschoepfung-nach-wirtschaftsbereichen/

Statistisches Bundesamt. (29.05.2019). Industrie, Verarbeitendes Gewerbe: Kennzahlen der Unternehmen des Verarbeitenden Gewerbes. Onlinequelle. Abgerufen am 06.11.2020 von Destatis: https://www.destatis.de/DE/Themen/Branchen-Unternehmen/Industrie-Ver arbeitendes-Gewerbe/Tabellen/kennzahlen-verarbeitendes-gewerbe.html

Suchanek, A., Lin-Hi, N., Mecke, I. (o.J.). Wettbewerb. Onlinequelle. Erreichbar unter: https://wirtschaftslexikon.gabler.de/definition/wettbewerb-48719/version-271969. Abruf am 24.11.2020.

VIK Verband der Industriellen Energie- und Kraftwirtschaft e. V. (o. J.). Verband der Industri-ellen Energie & Kraftwirtschaft. Onlinequelle. Abgerufen am 08. 11 2020 von Industrie im globalen Wettbewerb: https://www.vik.de/themen-und-positionen/industrie-im-globalen-wettbewerb/

Printed in the United States
by Baker & Taylor Publisher Services